Stefanie Rösch, Rainer Linsenmayr

Vom Umgang mit schwierigen und gewaltbereiten Klienten

Strategien für mehr Sicherheit und Souveränität

BALANCE **Beruf**

Stefanie Rösch, Rainer Linsenmayr

Vom Umgang mit schwierigen und gewaltbereiten Klienten

Strategien für mehr Sicherheit und Souveränität

BALANCE **Beruf**

Stefanie Rösch, Rainer Linsenmayr
Vom Umgang mit schwierigen und gewaltbereiten Klienten.
Strategien für mehr Sicherheit und Souveränität
ISBN-Print: 978-3-86739-076-7
ISBN-PDF: 978-3-86739-753-7
1. Auflage 2012

Bibliografische Information der Deutschen Nationalbibliothek
Die Deutsche Nationalbibliothek verzeichnet diese Publikation
in der Deutschen Nationalbibliografie; detaillierte bibliografische Daten
sind im Internet über http://dnb.d-nb.de abrufbar.
Weitere Informationen zu Büchern des BALANCE buch + medien verlags
finden Sie unter www.balance-verlag.de.

Umschlagbild und Umschlaggestaltung: GRAFIKSCHMITZ, Köln
Illustrationen: Claus Ast, Nierstein
Typografie und Satz: Iga Bielejec, Nierstein
Druck und Bindung: AZ Druck und Datentechnik GmbH, Kempten

Sie haben sich dieses Buch gekauft, weil ...

... Sie kompetent sind. Ein Widerspruch? Aber nein, wir glauben, das stimmt. Denn nur wer kompetent ist, hat den Mut zu sehen, wo noch Schwierigkeiten liegen, und strebt nach Verbesserung. Nur jemand mit Kompetenz weiß, dass man nie alles wissen kann. Deswegen wissen wir, dass Sie eine Menge können und die meisten Situationen in Ihrem Arbeitsalltag souverän beherrschen. Das entspricht auch unserer Erfahrung aus den inzwischen über neunzig Seminaren mit Mitarbeiterinnen und Mitarbeitern aus verschiedenen städtischen Ämtern und Bürgerangeboten (Sozialamt, Jobcenter, Ausländerbehörde, Bürgerbüro, Gesundheitsamt, Jugendamt, Zulassungsstelle, Feldschutz, Wertstoffhöfe, Schulverwaltungamt, Verkehrsüberwachung, Bibliothek, Mediathek, Bauamt, Hallenbad).

Sie wissen bereits eine Menge, und doch gibt es immer wieder schwierige Situationen, auf die Sie nicht vorbereitet sind? Gibt es ganz bestimmte andere Gründe, meist liegen sie in der eigenen Lebens- und Lerngeschichte, warum es Ihnen schwer fällt, mit einer bestimmten Situation umzugehen? Oder fällt Ihnen der Umgang mit einer speziellen Situation immer wieder schwer? Dieses Buch soll Ihnen helfen, Ihren Werkzeugkasten im Umgang mit diesen Herausforderungen zu überprüfen und zu erweitern. Alle Beispiele stammen von Ihren Kolleginnen und Kollegen aus der Praxis, die Strategien haben sich dort bewährt. Das heißt, das Buch strotzt vor Erfahrung – so wie Sie. Dabei ist jede Strategie ein Vorschlag, der zu Ihnen und Ihren Kunden passen kann oder nicht – je nach Ihren Bedürfnissen.

Jede Leserin, jeder Leser hat andere Bedürfnisse und soll schnell zur gewünschten Information finden. Anhand des Inhaltsverzeichnisses können Sie sich eine Situation suchen, zu der Sie etwas wissen möchten. So entscheiden Sie, was Sie lernen wollen. Zu jeder Situation finden Sie im entsprechenden Kapitel ein Beispiel aus der Praxis. Vielleicht kommt es Ihnen bekannt vor. Fragen oder Übungen sollen Sie zum Nachdenken anregen und Ihnen die Möglichkeit geben, Ihr Können zu prüfen. Eine Liste mit konkreten Vorschlägen, wie man mit dieser Situation umgehen kann, schließt die Kapitel ab, auf Hintergrundinformationen wird dort ebenfalls verwiesen.

Zunächst möchten wir die Situation, in der Sie arbeiten, genau analysieren. Was macht sie aus und worin liegen die Schwierigkeiten? Dann stellen wir kurz die Grundprinzipien vor, auf die alle Strategien zurückzuführen sind. Mit jeder Fortbildung wurde uns klarer, dass es zwar viele Strategien, aber nur wenige Grundprinzipien gibt. Auf diese Prinzipien verweisen wir immer wieder und verwenden jedes Mal dieses Symbol: ♖ und benennen das Grundprinzip. So können Sie einzelne Strategien den Grundprinzipien zuordnen.

Grundprinzipien

Danach folgen die konkreten Strategiekapitel. Hier finden Sie praktische Vorschläge, wie Sie sich in typischen schwierigen Situationen verhalten können. Die Strategien in diesem Buch sind vorwiegend für Bürosituationen gedacht und beschrieben. Viele sind jedoch auch auf der Straße oder in anderen beruflichen Umgebungen einsetzbar. Die Grundprinzipien funktionieren überall.

Im Kapitel »Wissen« fassen wir einige theoretische Modelle und Erklärungsansätze zusammen, die sich nicht einem besonderen Strategiekapitel zuordnen lassen, sondern in vielen Situationen relevant sind: Wie funktioniert Kommunikation, woran kann ich erkennen, dass jemand aggressiv ist, und wie kann ich für Sicherheit am Arbeitsplatz sorgen? Aus dem Wissen lässt sich ebenfalls die eine oder andere Strategie ableiten. Wir werden immer wieder auf entsprechende Kapitel hinweisen und dabei dieses Symbol verwenden: 📖.

Wissen

Zum Abschluss finden Sie eine Literaturliste mit Leseempfehlungen. Es gibt so viele spannende Bücher in diesem Bereich. Das Schwierige ist, etwas Brauchbares und Lesbares zu finden. Die Liste soll Sie dabei unterstützen.

Denken Sie beim Lesen und Arbeiten mit diesem Buch immer daran: Die meisten Bürger oder Kundinnen machen Ihnen keinen Ärger. Über 90 Prozent Ihrer alltäglichen Kundenkontakte laufen problemlos ab, und Sie tragen mit Ihrem Verhalten eine Menge dazu bei. Doch es sind die wenigen schwierigen Situationen, die große Belastung und Unzufriedenheit entstehen lassen. Damit Sie hierfür besser gewappnet sind, haben wir dieses Buch geschrieben.

Wir sind der Überzeugung, dass Vorbereitung der beste Schutz ist. Gleichzeitig wissen wir, dass es hundertprozentige Sicherheit nicht

Der beste Schutz ist die Vorbereitung.

gibt. Sie können noch so gut vorbereitet sein und sich trotzdem in einer Situation wiederfinden, in der keine Strategie greift, weil Ihr Gegenüber nicht verhandlungsbereit ist, einfach nicht reagiert oder Sie die Strategie unter extremem Stress nicht richtig anwenden können. Je mehr sich Situationen in Richtung einer Eskalation zuspitzen, desto mehr reduzieren sich Ihre Reaktionsmöglichkeiten. Bei körperlicher Gewalt gibt es nur noch wenig Handlungsspielraum. Vor dem körperlichen Angriff haben Sie jedoch viele Möglichkeiten zu deeskalieren.

Zwei Anmerkungen haben wir noch:

Dieses Buch ist in erster Linie für die Menschen geschrieben, die täglich an der vordersten »Front« direkt mit den jeweiligen Kundinnen, Bürgern oder Klientinnen Kontakt haben. Für maximalen Erfolg mit den Strategien müssen Vorgesetzte mitziehen – ein Buch also nicht nur für Sachbearbeiter, sondern auch für Chefs. Wir haben diesem wichtigen Punkt ein ganzes Kapitel gewidmet.

Darüber hinaus ist es auch ein Buch für schwierige Situationen in Ihrem Privatleben. Hier funktionieren die Grundprinzipien genauso. Sie sind nur schwerer umzusetzen oder unsere inneren Widerstände dagegen sind größer, weil es ja um Menschen geht, zu denen wir eine persönliche Beziehung haben und behalten wollen. Aber wenn Sie die Grundprinzipien einmal mit jenen Strategien vergleichen, wie Sie in Erziehungs- und Beziehungsratgebern vermittelt werden, stellen Sie fest, dass wir alle nur mit Wasser kochen; das Wasser sind in diesem Fall die Grundprinzipien. Es mögen noch ein oder zwei weitere dazukommen, aber wir sind davon überzeugt, dass es nicht allzu viele sind. Wenden Sie sie also ruhig in allen schwierigen Situationen an, mit denen Sie souverän umgehen wollen.

Jetzt wünschen wir Ihnen Spaß beim Lesen, Nachdenken und Ausprobieren.

Ihre Situation:
Zwei Menschen treffen aufeinander

BEISPIEL Frau Fischer arbeitet gerne auf dem Sozialamt. Sicher, es gibt immer wieder unliebsame Begegnungen, aber grundsätzlich freut sie sich jeden Tag, dass sie ihren Mitmenschen helfen kann. Das System ist gut und die meisten Leute bringen die nötigen Unterlagen mit, um den jeweiligen Antrag zu bearbeiten. Heute hat sie gute Laune und alle bisherigen Kunden waren freundlich. Draußen scheint die Sonne. Kurz vor elf Uhr klopft es an der Tür und ihr Kunde Herr Simon steht unangemeldet mit zwei Schritten vor ihrem Schreibtisch. Obwohl es ihr unbehaglich ist, dass er plötzlich so nah vor ihr steht, fordert Frau Fischer ihn auf, sich zu setzen.

»Guten Tag, Herr Simon, was kann ich denn für Sie tun?«

Herr Simon hat ein rotes Gesicht und zappelt unruhig auf seinem Stuhl hin und her. Er fordert Geld.

»Sie wissen doch, dass der Auszahlungstermin am Freitag ist, Herr Simon. Aber lassen Sie mich mal eben nachschauen, was in Ihrer Akte steht.«

Der Kunde beharrt darauf: »Ich brauche mein Geld aber jetzt. Ich kann nicht bis Freitag warten.« Bei einem kurzen Blick in die Unterlagen kann Frau Fischer nichts Außergewöhnliches finden. »Tut mir leid, aber ich sehe hier nur, dass Ihr Auszahlungstermin am Freitag ist.« Herr Simon atmet schnell und deutlich hörbar, seine Halsschlagader pulsiert: »Ich will jetzt mein Geld, du blöde Kuh!«

Frau Fischer möchte nun wissen, wieso er sein Geld früher benötigte. Herr Simon entgegnet nur entrüstet: »Geht dich gar nichts an, alte Hexe.« Frau Fischer weist ihn in ruhigem, freundlichem Ton darauf hin, dass sie ohne Auskunft zu den Gründen nichts für ihn tun kann. »Sie wissen, Sie bekommen nur am Auszahltag Geld, damit es für den Monat reicht«, fügt sie hinzu. Herr Simon krampft die Hände auf dem Tisch vor sich zusammen: »Du blöde Nuss, ich kann nicht bis Freitag warten.« Frau Fischer bleibt weiter hartnäckig: »Wenn Sie mir den Grund nicht nennen, kann ich Ihnen nicht helfen.« Herr Simon springt auf und brüllt: »Dann gehe ich zu Ihrem Chef!«

Er ist im Begriff das Büro zu verlassen. Frau Fischer zuckt mit den Schultern und wendet sich wieder ihrem Computer zu. Sie sieht nicht, wie er innehält, sich umdreht, die zwei Schritte um ihren Schreibtisch herum auf sie zugeht und ausholt. Der Schlag trifft sie plötzlich und unvorbereitet. ⊙

Sie könnten jetzt sagen: »Das ist doch viel zu komplex, um auf die Situation einwirken zu können. Wie soll ich das denn verhindern?« Ja, menschliches Verhalten ist grundsätzlich komplex. Aber im Wesentlichen und bezogen auf Ihre konkrete Arbeitssituation ist es sehr viel einfacher, als Ihnen vielleicht bewusst ist. Bestimmte Faktoren beeinflussen menschliches Verhalten. Welche Prinzipien dahinterstecken und welche Faktoren Sie überhaupt berücksichtigen und beeinflussen können, soll Ihnen der folgende, knochentrockene Theorieteil vermitteln. Die praxisorientierten und konkreten Antworten auf die Fragen »Wie soll ich das denn verhindern?« bzw. »Wie kann ich die Situation beeinflussen?« finden Sie ab Seite 30 in den Strategiekapiteln.

ABBILDUNG 1

»Ich will meinen Job gut machen.«

»Ich bin nicht bereit, für meinen Job zu sterben.«

»Es geht mir gut heute.«

»Gerechtigkeit ist mir wichtig.«

»Meine Erfahrung zeigt, dass ich das Gespräch am besten beende, wenn die Leute laut werden.«

»Ich will Geld.«

»Wenn es um meine Existenz geht, töte ich auch.«

»Ich bin heute genervt.«

»Gerechtigkeit ist mir wichtig.«

»Bei Herrn X musste ich nur laut werden, schon hatte ich mein Geld.«

Alle Situationen in diesem Buch, all Ihre Kundenkontakte haben einige grundsätzliche Dinge gemeinsam: Jemand kommt zu Ihnen ins Büro, an den Schalter oder an die Theke. Dann befinden sich zwei Personen in einem Raum und beide haben eine Vorstellung davon, wie dieser Kontakt ablaufen wird.

Beide haben mindestens ein *Ziel* in der Begegnung: Frau Fischer will ihre Arbeit gut machen, Herr Simon will Geld. Beide bewerten ihr Ziel dahingehend, welchen Preis Sie bereit sind, dafür zu zahlen; das bedeutet, dass ihre Ziele einen *subjektiven Wert* haben. Frau Fischer ist sicher nicht dazu bereit, sich für ihren Job umbringen zu lassen. Allerdings verhalten sich Angestellte manchmal so, dass für ihre Kundinnen die Vermutung naheliegt, ihre Arbeit sei wichtiger als das eigene Leben. Zum Beispiel, wenn sie sich todesmutig mit Gewalttätern anlegen.

In unserem Beispiel kann man davon ausgehen, dass Herr Simon, da er das Gefühl hat, es geht um seine Existenz, und weil er entsprechend aggressiv handelt, sehr wohl bereit ist, das eigene Leben oder eine Gefängnisstrafe zu riskieren, um sein Ziel zu erreichen. Beachten Sie: *Er* hat das Gefühl, existenziell bedroht zu sein, das bedeutet nicht, dass Frau Fischer ebenfalls dieser Meinung ist. Sein subjektives Gefühl, seine Existenz sei bedroht, reicht aus.

Beide haben eine aktuelle *Stimmung*. Frau Fischer war bis zu Herrn Simons Auftreten gut gelaunt. Herr Simon stand schon von Anfang an unter Druck und war angespannt.

Werte und *Erwartungen* beeinflussen eine Situation ebenfalls. Frau Fischer mag Gerechtigkeit wichtig sein, deswegen schaut sie in die Akte. Aber auch Herr Simon ist vermutlich der Ansicht, dass es nur gerecht ist, wenn er sein Geld sofort bekommt.

Die *körperlichen Reaktionsmuster* von Frau Fischer und Herrn Simon nähern sich im Verlauf des Gesprächs an. Während Frau Fischer zu Beginn entspannt und ruhig ist, bringt Herr Fischer seine Anspannung schon mit. Seine Halsschlagader pulsiert, er hat ein rotes Gesicht und ist zappelig. Wir können davon ausgehen, dass es in Frau Fischer am Ende der Szene ähnlich aussieht.

Ein weiterer Faktor ist, dass beide ihre Erfahrungen nutzen, die sie bislang im Kontakt mit anderen Menschen oder unter ähnlichen Umständen gemacht haben. Beide haben dadurch *Strategien* für den Umgang mit schwierigen Situationen *erlernt* und beide empfinden die Situation als problematisch, denn sie erreichen ihre Ziele nicht: Frau Fischer versucht, ruhig und freundlich zu bleiben, während Herr Simon immer beleidigender, lauter und schließlich gewalttätig wird.

All das färbt die Art und Weise, wie diese zwei aufeinandertreffen, wie sie miteinander reden und umgehen und wie sie auf das Verhalten des anderen reagieren. Ziemlich komplex? Grundsätzlich müssten wir nach jedem Kontakt, der gut läuft – Sie erinnern sich, das sind über 90 Prozent der Begegnungen –, erstaunt darüber sein, dass es so wenig Missverständnisse und Schwierigkeiten gibt. Oder etwa nicht?

Wenn man sich den Spaß erlauben will, all diese Faktoren einmal in eine mathematische Gleichung zu setzen, würde diese wohl folgendermaßen aussehen:

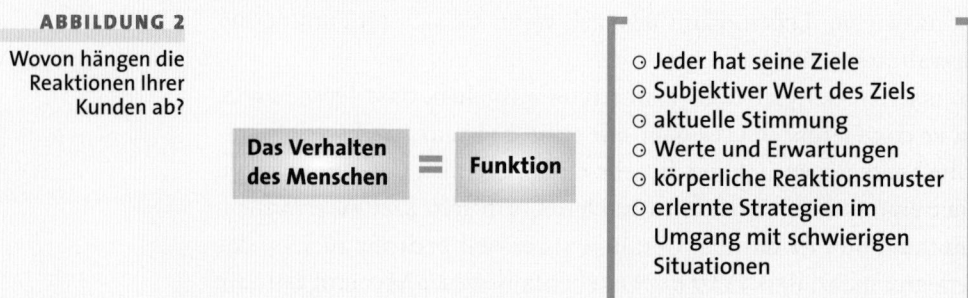

ABBILDUNG 2

Wovon hängen die Reaktionen Ihrer Kunden ab?

Das Verhalten des Menschen = **Funktion**

⊙ Jeder hat seine Ziele
⊙ Subjektiver Wert des Ziels
⊙ aktuelle Stimmung
⊙ Werte und Erwartungen
⊙ körperliche Reaktionsmuster
⊙ erlernte Strategien im Umgang mit schwierigen Situationen

Und als wäre das nicht komplex genug, kommt dazu noch die Erkenntnis: Das Verhalten des anderen lässt sich nur bedingt beeinflussen. Uns selbst können wir dagegen am besten ändern.

Also lassen Sie uns die Gleichung auflösen und die einzelnen Komponenten daraufhin untersuchen, ob sie bekannt und beeinflussbar sind oder nicht.

Ziele – was möchte ich und was will mein Gegenüber?

Die Ziele in den Situationen, um die es hier geht, sind weitestgehend bekannt. Wenn Sie in einer Behörde arbeiten, will ein Kunde wie Herr Simon von Ihnen etwas ganz Bestimmtes. Das kann Geld sein, z.B. im Sozialamt oder im Jobcenter, eine Unterschrift, eine Berechtigung wie z.B. Sonderflächen im Gaststättenbereich, ein Aufenthaltsstatus bei ausländischen Mitmenschen, der Führerschein oder eine Kfz-Zulassung. Das kann ein Zugeständnis oder eine Erlaubnis sein, beispielsweise eine Parkerlaubnis, wenn Sie bei der Verkehrsüberwachung beschäftigt sind.

Was Herr Simon möchte, das sagt er ganz deutlich. Dieser Faktor ist also bekannt.

Subjektiver Wert des Ziels – welchen Preis bin ich bereit zu zahlen?

Der subjektive Wert eines Ziels und damit die Bereitschaft, einen gewissen Preis für dieses Ziel zu bezahlen, wird stark von allgemeinen menschlichen Grundbedürfnissen bestimmt, wie sie MASLOW (2010) sehr übersichtlich beschrieben hat. MASLOW unterscheidet:

Physiologische Bedürfnisse: Ziel ist, das unmittelbare Überleben zu sichern. Wir müssen atmen, essen, trinken und uns warm halten, indem wir uns kleiden oder heizen. Wir möchten möglichst ohne Schmerzen leben, sorgen für unsere körperliche Gesundheit und für ausreichend Schlaf. Zu diesen Bedürfnissen gehören auch Sexualität und Neugier.

Sicherheit: Ziel ist, das längerfristige Überleben zu sichern. Deshalb versuchen wir Kontrolle über die physiologischen Bedürfnisse in der Zukunft zu erlangen, indem wir Vorräte anlegen, Versicherungen abschließen und eine Arbeit haben möchten. Das Bedürfnis nach Sicherheit ist auch der Grund, warum wir die Welt um uns herum verstehen möchten, nach Erklärungen suchen. Unser Glaube bzw. unsere Religion gehört ebenfalls zu dieser Bedürfniskategorie.

Zugehörigkeit und Liebe: Menschen möchten als Individuum gesehen werden, sie wollen gemocht und geliebt werden und dazugehören. Der Mensch ist ein Herdentier, entsprechend spielen hier Familie, Herkunft und unsere Kultur eine wichtige Rolle.

Bedürfnis nach Achtung: Ziel ist, ernst genommen zu werden. Jeder Mensch benötigt Wertschätzung und Anerkennung. Es geht dabei sowohl um die Anerkennung von anderen als auch um Anerkennung der eigenen Leistungen vor sich selbst, also um Selbstwert, Selbstbewusstsein oder ein Kompetenzgefühl. Das Bedürfnis nach Achtung findet beispielsweise in Image- und Karrieredenken seinen Ausdruck.

Jeder Mensch hat diese Bedürfnisse. Sie haben Einfluss darauf, wie wichtig Ziele für den Einzelnen sind und was Menschen tun würden, um ihre Ziele zu erreichen. Wenn es ums Überleben geht, ist jedes Lebewesen bereit, bis zum Äußersten zu gehen. Es ist klar, dass hier das größte Aggressionspotenzial liegt. Wenn Herr Simon also glaubt, dass sein Leben in Gefahr ist, falls er das Geld nicht bekommt, dann wird er ziemlich weit gehen, um sein Ziel zu erreichen. Ob Frau Fischer sein Leben ebenfalls bedroht sieht oder nicht, spielt dabei keine Rolle.

Die Nichterfüllung der Bedürfnisse Zugehörigkeit und Achtung führt im Extremfall zu schweren psychischen Störungen. Daran können Sie sehen, wie wichtig sie sind. Auch in diesem Bereich sind Menschen bereit, einiges dafür zu tun. Menschen wollen gesehen und ernst genommen werden. Wenn Sie ehrlich mit sich sind, dann wird Ihnen klar sein, wie stark diese Grundbedürfnisse auch bei Ihnen ausgeprägt sind. Anzeichen dafür sind, inwieweit Ihnen die Dankbarkeit Ihrer Kunden wichtig ist, die Anerkennung durch den Chef oder »die Behörde«, inwieweit man Ihnen Verständnis entgegenbringt, wenn Sie einmal nicht voll leistungsfähig sind oder eine schwierige Zeit in Ihrem Leben haben.

Welche Bedürfnisse gerade besonders im Vordergrund stehen, können Sie einschätzen. Geht es um gesundheitliche Themen, um Wohnraum oder um Geld zum Leben, wie es bei Herrn Simon der Fall zu sein scheint, dann stehen meistens existenzielle Bedürfnisse im Vordergrund. Betonen Menschen ihr Leid, erzählen ihre Lebensgeschichte, erscheinen sie Ihnen unterwürfig, unsicher oder weinerlich-depressiv, geht es meist um Achtung und Respekt. Sie können also auch den Faktor »subjektiver Wert des Ziels« schnell einschätzen, d. h., er ist Ihnen bekannt.

Aktuelle Stimmung – wie man in den Wald hineinruft, so schallt es heraus

Natürlich wissen Sie nicht, in welcher Stimmung Ihre Kunden sich befinden, wenn sie zu Ihnen kommen. Aber nur wenige sind im Zusammenhang mit Konflikten und Eskalation wichtig. Wir halten genau drei Zustände für entscheidend: *Sicherheit, Unsicherheit und Aggressivität.*

Jemand, der sich seiner selbst sicher ist, hat es meist nicht nötig, aggressiv zu werden. Die Person weiß, was sie will, und kann sich angemessen verhalten.

Unsichere Menschen lassen sich leicht vom selbstbewussten Auftreten ihres Gegenübers beeindrucken und stellen dadurch erst einmal keine Gefahr dar. Unsicherheit kann allerdings auch in aggressives Verhalten umschlagen. Die Gefahr besteht unter anderem dann, wenn Sie selbst unsicher auftreten, so wie Frau Fischer in unserem Beispiel. Sie lässt sich mehrfach beschimpfen und reagiert stets freundlich und zurückhaltend. Herr Simon legt ihr dies möglicherweise als Schwäche aus. Er hat vielleicht den Eindruck, dass Frau Fischer noch schwächer ist, als er sich selbst empfindet. Manche Kunden könnten die Gelegenheit nutzen und einen Manipulationsversuch starten, insbesondere dann, wenn sie früher schon einmal die Erfahrung gemacht haben, mit Aggressivität zum Erfolg zu kommen.

Kommt jemand schon »geladen« zu Ihnen, entscheiden Sie, ob Sie das Gespräch nur mit jemandem gemeinsam oder gar nicht führen wollen. Die Gefahr einer weiteren Eskalation ist sehr hoch.

Die drei relevanten Zustände – Sicherheit, Unsicherheit und Aggressivität – lassen sich sehr schnell einschätzen. Damit ist dieser Faktor ebenfalls bekannt.

Aggression und Gewalt rechtzeitig erkennen S. 109

Werte und Erwartungen – was uns wichtig ist im Leben

Welche Werte ein Mensch hat, wissen wir nicht. Aber Sie können davon ausgehen, dass wir alle eine große Anzahl von Werten wichtig finden. Versuchen Sie es einmal mit folgender Übung, die Sie auch im Freundes- oder Kollegenkreis machen können. Das ist sehr beeindruckend.

Nehmen Sie sich ein Blatt Papier, einen Stift und zehn Minuten Zeit. Schreiben Sie alle Werte auf, die Ihnen wichtig sind – beruflich wie privat. Das können Dinge sein wie Pünktlichkeit oder Ehrlichkeit. Achten Sie darauf, sehr konkret in der Beschreibung Ihrer Werte zu sein. Beispielsweise ist Pünktlichkeit für uns als Seminarleiter beruflich so wichtig, dass wir meist ein paar Minuten vor Beginn da sind. Privat ist im Freundeskreis von Frau Rösch dagegen bekannt, dass sie immer zu spät kommt, so etwa 15 Minuten.

Wenn Sie die Übung mit anderen Personen machen, vergleichen Sie Ihre Listen, indem jeder reihum einen Wert von seiner Liste vorliest. Ergänzen Sie die eigene Liste, wenn die anderen etwas nennen, das Sie vergessen haben. Machen Sie die Übung allein, können Sie Ihre Liste mit unserer im Anhang auf Seite 138 vergleichen und ergänzen.

Fällt Ihnen etwas auf? Wie viele Werte sind Ihnen spontan eingefallen? Sind nach dem Vergleichen welche hinzugekommen? Ist Ihre Liste identisch mit der Ihrer Kolleginnen? Ist die Reihenfolge gleich? Zusätzlich können Sie versuchen, Ihre Liste danach zu ordnen, welche Werte Ihnen am wichtigsten, welche weniger wichtig sind. Gilt die Liste für alle Situationen? Pünktlichkeit ist ja nicht gleich Pünktlichkeit, und viele Menschen nehmen sie beruflich viel wichtiger als im privaten Bereich. Oder denken Sie an Ehrlichkeit – ein schöner Wert, aber was ist mit Notlügen?

Jede unserer Wertvorstellungen birgt das Potenzial, verletzt zu werden. Wir legen unsere Maßstäbe gerne an unsere Mitmenschen an, erwarten, dass sie sich entsprechend verhalten, und sind enttäuscht, wenn die Erwartungen nicht erfüllt werden. Gleichzeitig sind Werte so etwas wie innere Grenzen, die geschützt werden müssen und deren Verletzung uns ärgerlich oder wütend macht. Ist für Sie »Freundlichkeit« ein wichtiger Wert, dann werden Sie frustriert sein, wenn Ihr Gegenüber nicht »Guten Tag« sagt oder das Gesicht hängen lässt, und Sie werden ärgerlich oder wütend, wenn Ihr Gegenüber Sie persönlich beleidigt.

Der Umgang mit Werten und deren Nichtbeachtung durch andere lässt sich nur auf zwei Arten bewerkstelligen: Sie können Ihre eigenen Werte ändern und sich anpassen. Dann muss sich Ihre Einstellung ändern, beispielsweise messen Sie Freundlichkeit nicht mehr so viel Gewicht bei, wenn es in einer Situation für einen Kunden um seine Existenz geht. Die zweite Möglichkeit besteht darin, dass Sie Ihre Werte verteidigen und das damit verbundene Verhalten vom anderen einfordern.

In jedem Fall ist es wichtig, sich die eigenen Werte und das Konfliktpotenzial, das ihnen innewohnt, bewusst zu machen. Nur dann können Sie stressfrei mit Situationen umgehen, in denen Ihre Werte verletzt werden. Zum Beispiel, wenn Ihnen Pünktlichkeit wichtig ist, Sie aber einen Kunden haben, der grundsätzlich zu spät kommt. Sie können das Problem also sehr einfach lösen, wenn Sie akzeptieren, dass dieser Mensch so ist. Natürlich können Sie auch versuchen, ihn dazu zu bringen, sich an Ihre Werte bzw. die Gepflogenheiten in Ihrer Behörde anzupassen. Wenn man sich bewusst macht, dass der Mensch, der einem gegenübersteht, möglicherweise ganz andere Werte für wichtig hält, kann dies den eigenen Ärger abmildern.

Dieser Faktor ist somit handhabbar, wenn man sich Zeit nimmt und damit auseinandersetzt.

Stress – körperliche Reaktionsmuster und wie Menschen damit umgehen

Mit körperlichen Reaktionsmustern meinen wir all das, was in einem Körper passiert, wenn Sie, wir oder Ihre Klienten Ziele nicht erreichen: Wir sind alle mal frustriert und fühlen uns gestresst. Genau genommen müsste man es umdrehen, wir sind gestresst und fühlen uns *vorher* frustriert, genervt, verärgert, wütend, ängstlich, panisch, verzweifelt oder hilflos.

Stress S. 90

Was uns stresst, hängt beispielsweise von unseren *Werten und Erwartungen* oder von der wahrgenommenen körperlichen oder psychischen Bedrohung ab. Die Art und Weise, wie wir mit Stress umgehen, haben wir im Laufe unseres Lebens erlernt. Ab Seite 62 stellen wir verschiedene Strategien für den Umgang mit Stress vor; einige kennen Sie möglicherweise schon, andere mögen Ihnen neu sein. Das körperliche Reaktionsmuster bei Stress ist allerdings bei allen Menschen gleich und damit bekannt.

Erlernte Strategien

Der Mensch ist ein Gewohnheitstier, sagt man. Dem ist tatsächlich so. Gewohnheiten und bisher erfolgreiche Strategien im Umgang mit bestimmten Lebenssituationen geben uns ein Gefühl von Sicherheit. Wir glauben, wir könnten vorhersehen, was passiert: wie wir und andere Menschen reagieren, was uns die Zukunft bringt. Sicherheit ist ein zentrales Grundbedürfnis des Menschen, also werden wir sehr viel daran setzen, Gewohnheiten und erfolgreiche Strategien beizubehalten. Das gilt für Sie und auch für Ihre Klienten.

Menschen, die Sie in Ihrer Arbeit als schwierig erleben, haben häufig gelernt, andere zu manipulieren. Sie haben erfahren, dass sie Ziele erreichen können, indem sie laut werden, andere beschimpfen, bedrohen oder Gewalt anwenden. Kinder und Heranwachsende schauen sich solches Verhalten von Gleichaltrigen oder Erwachsenen ab. Irgendwann werden sie es selbst versuchen und in vielen Fällen damit Erfolg haben. Sie bekommen das Taschengeld des Mitschülers oder die teure Designerjacke. Später gibt man ihnen nach, wenn sie in Läden ungerechtfertigt rummeckern, weil die

Angestellten kein Aufsehen erregen möchten. Man lässt sie beim Anstehen vordrängeln oder schaut zu, wie sie auf offener Straße eine alte Dame anrempeln und sich dabei stark fühlen. Jedes Mal führen diese Strategien zum Erfolg und jeder Erfolg ist ein Argument, das Verhalten beizubehalten.

In bestimmten sozialen Gruppen herrscht ein »rauer« Ton. Beleidigungen, Einschüchterungen, Drohungen und körperliche Gewalt kommen häufig vor. Das heißt, diese Menschen haben gelernt, mit diesen Strategien ans Ziel zu kommen. Gleichzeitig werden »Gleichstarke oder Stärkere« respektiert. Zu den »Stärkeren« zählen normalerweise die Strafverfolgungsbehörden.

Menschen, die gelernt haben, dass sie mit Jammern, Lamentieren und Weinen ans Ziel kommen, gehören mitunter ebenfalls zu Ihren schwierigen Klienten. Sie sind weniger gefährlich, kosten aber viel Zeit. Diesen Kundinnen ist es meist wichtig, gemocht zu werden und Anerkennung zu bekommen.

Wenn Sie das über Ihre Klienten wissen – und es ist uns klar, dass dies sehr vereinfacht dargestellt ist, für die Praxis aber ausreicht –, kann man für beide Gruppen von Kunden ableiten, welche Strategien hilfreich sind, damit Sie Ihre Arbeit noch reibungsloser erledigen können.

Wenn wir unsere Ziele nicht erreichen können, sind wir gestresst. Das gilt für Sie und für Ihre Kunden. Sie kennen die Ziele Ihrer Kunden, in den meisten Fällen werden sie Ihnen mitgeteilt. Ihre eigenen kennen Sie ebenfalls. Entsprechend wissen Sie, wann Sie gestresst sind und ob es Ihre Kunden sein dürften. Das heißt, auch dieser Faktor der Begegnung ist für die meisten Fälle eine bekannte Größe.

Zusammenfassung und Bewertung

Wenn Sie sich die Gleichung nach diesen Ausführungen noch einmal anschauen, können Sie sehen, dass es keine Unbekannten mehr gibt. Das wiederum bedeutet, dass das Verhalten Ihres Gegenübers gar nicht so unberechenbar ist, wie es auf den ersten Blick erscheint. Im Gegenteil, Sie können es gut einschätzen.

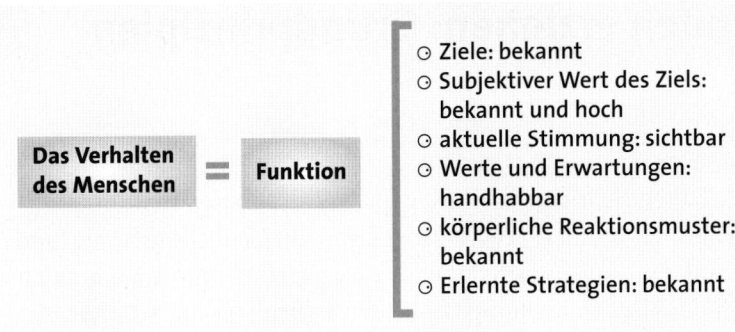

| Das Verhalten des Menschen | = | Funktion | ⊙ Ziele: bekannt
⊙ Subjektiver Wert des Ziels: bekannt und hoch
⊙ aktuelle Stimmung: sichtbar
⊙ Werte und Erwartungen: handhabbar
⊙ körperliche Reaktionsmuster: bekannt
⊙ Erlernte Strategien: bekannt |

ABBILDUNG 3

Die Unbekannten werden zu bekannten Größen.

Damit gehen Sie den ersten Schritt: Sie können eine scheinbar unberechenbare Situation einschätzen und damit auch beeinflussen.

Kunden erziehen: Grundprinzipien

Ja, Sie haben richtig gelesen. Wir sprechen an dieser Stelle von »Erziehung«, zum einen etwas provokant als Gedächtnisstütze und zum anderen, weil es sich dabei um die gleichen Prinzipien handelt wie in der Kindererziehung. In beiden Fällen – in der Kindererziehung und im Umgang mit Ihren schwierigen Klienten – möchten Sie das Verhalten einer anderen Person beeinflussen.

Unter Erziehung verstehen wir an dieser Stelle, Kunden dazu zu bewegen, dass sie sich an die Spielregeln an Ihrem Arbeitsplatz halten. Es geht nicht darum, »bessere« Menschen aus ihnen zu machen. Setzen Sie »erziehen« gleich mit »beeinflussen«. Sämtliche Strategien und Handlungsvorschläge in diesem Buch lassen sich auf die folgenden Grundprinzipien zurückführen. Um Ihnen das zu verdeutlichen, werden wir sie hier kurz erklären und in den Strategiekapiteln immer wieder durch ein Symbol (♜) auf sie verweisen.

Die Gast-Haltung

Der Kunde ist König, solange er sich wie ein König benimmt.

Behandeln Sie Ihre Kunden wie Gäste! Das heißt, dass Sie Ihren Kundinnen zuerst einmal wertschätzend begegnen sollten. Ein Lächeln, eine freundliche Begrüßung, holen Sie die Bürger womöglich mit Handschlag an der Tür ab – all dies kann viel bewirken und dazu beitragen, dass die Klienten sich wohlfühlen. Gleichzeitig signalisieren Sie auf diese Weise: Das ist mein Büro, mein Arbeitsplatz und ich bin hier der Gastgeber bzw. die Chefin. Solch ein Verhalten schafft Sicherheit auf beiden Seiten und eine gute Arbeitsatmosphäre.

Menschen haben das Bedürfnis, wertgeschätzt und ernst genommen zu werden. Erfüllen Sie dieses Bedürfnis! Die meisten reagieren sehr positiv darauf und entspannen sich. Denken Sie an das Sprichwort »Wie man in den Wald hineinruft, so schallt es heraus«. Sind Sie selbst freundlich, bieten Sie gleichzeitig Ihrem Gegenüber an, sich genauso zu verhalten.

Viele Kunden erleben im Umgang mit Behörden ein Ungleichge-
wicht. Sie fühlen sich ausgeliefert. Sie als »Gesicht« dieser Behörde
haben »die Macht« über existenzielle Entscheidungen. Bürgerinnen und Bürger sind sich des Machtgefälles und des eigenen Aus-
geliefertseins oft sehr bewusst. Das führt schon von vornherein zu
einer Anspannung. Mit der Gast-Haltung, mit einem freundlichen
und zuvorkommenden Verhalten können Sie die Anspannung ihrer
Kunden reduzieren (siehe auch 📖 S. 105).

Mit einem Lächeln und freundlichem, zuvorkommendem Verhalten reduzieren Sie Anspannungen von vornherein.

Informationen geben – Spielregeln erklären

Vielleicht denken Sie einmal daran, wie es war, als Sie das erste Mal
ein Auto angemeldet, einen Reisepass oder einen Leseausweis in
der Bibliothek beantragt haben. Die meisten Menschen sind zunächst einmal verunsichert. Man weiß nicht so recht, »wie das hier
abläuft« oder »was man tun muss«. Genauso geht es vielen Ihrer
Kunden, vor allem, wenn sie das erste Mal zu Ihnen kommen.
Sorgen Sie dafür, dass sich Ihre Klientinnen sicher fühlen, indem Sie
erklären, was auf sie zukommt. Welche Spielregeln gelten bei Ihnen? Wie sind die Öffnungszeiten? Dürfen sie einfach vorbeikom-
men oder benötigen sie einen Termin? Sollen die Anträge allein
oder gemeinsam mit Ihnen ausgefüllt werden? Wer ist wofür zuständig? Welche Aufgaben hat Ihr Kunde? Welche Möglichkeiten
hat er? Wo können sich Kundinnen informieren, gibt es eine Internetseite? Wie lange ist normalerweise die Bearbeitungsdauer? Es
gibt viele Dinge zu beachten.

Informationen darüber, wie etwas ablaufen wird, sorgen für ein Gefühl der Kontrolle und damit für Sicherheit.

Helfen Sie Ihren Kunden zu verstehen, wie Entscheidungen zu-
stande kommen, was die Grundlage für die Entscheidung ist und
welche Reaktionsmöglichkeiten sie haben, ob und wie Bürgerinnen
und Bürger beispielsweise Beschwerdemöglichkeiten haben oder
Widerspruch einlegen können.
Natürlich entscheiden Sie, welche Informationen notwendig und
hilfreich sind. Achten Sie darauf, dass Sie Klientinnen und Klienten
mit möglichst einfachen Worten informieren. Vermeiden Sie lange
Sätze.
Wenn wir wissen, was auf uns zukommt, sind wir weniger angespannt.

Entscheiden lassen

Entscheiden dürfen, bedeutet Kontrolle zu haben.

Auch bei diesem Grundprinzip geht es um Kontrolle und das Gefühl von Sicherheit. Besonders viel Kontrolle haben wir in Momenten, in denen wir entscheiden dürfen. Das können Sie im Umgang mit Ihren Kunden nutzen.

Lassen Sie Ihre Kunden mitentscheiden, so weit es geht. Sollte es keine Wahlmöglichkeit geben, versuchen Sie, sich zumindest ein »Ja« bzw. die Zustimmung Ihrer Kunden zu holen. Sie können dies über eine einfache Frage erreichen: »Ist das in Ordnung so?« Auch dann wird Ihr Kunde das Gefühl haben, an der Entscheidung beteiligt gewesen zu sein, sie mitzutragen. Er fühlt sich sicher und damit gibt es keinen Grund für Ärger.

Gibt es keine Wahlfreiheit und Kunden gefällt nicht, was Sie für sie entscheiden, kann es leicht eskalieren. Was Sie dann tun können, finden Sie in den Strategiekapiteln.

Grenzen setzen

Sagen Sie, was Sie wollen und was nicht.

Halten sich Kunden nicht an ausgesprochene oder unausgesprochene Spielregeln, ist es wichtig, ihnen ihre Grenzen aufzuzeigen. Also sagen Sie, was nicht stimmt und was Sie wollen: dass er die Unterlagen bringt, dass er mitarbeitet, dass er pünktlich ist, dass er freundlich ist, dass er Sie nicht beleidigt.

Auch damit vermitteln Sie: Sie wissen, was Sie tun. Das macht Sie für Klientinnen berechenbar, vermittelt Sicherheit und sorgt damit für Entspannung.

Konsequenzen aufzeigen und umsetzen

Hält ein Kunde die aufgezeigten Grenzen oder Spielregeln nicht ein, weisen Sie ihn höflich und bestimmt auf die Konsequenzen hin. Wir lernen durch die Konsequenzen unseres Verhaltens. Das bedeutet, dass Menschen in der Regel ein Verhalten mit angenehmen Folgen immer wieder zeigen, ein Verhalten mit unangenehmen Folgen dagegen immer seltener.

Um jemandem beizubringen, sich an bestimmte Spielregeln zu halten, ist es daher hilfreich, das Einhalten der Spielregeln zu »belohnen« und das Nichteinhalten zu »bestrafen«. Die Person sollte nicht nur wissen, welches Verhalten Sie sich wünschen, sondern auch, welche Konsequenzen auf ein Nichteinhalten folgen. So kann sie sich entscheiden, wie sie sich verhalten möchte.

Konsequenzen funktionieren allerdings nur so gut, wie sie auch umgesetzt werden. Wenn Sie eine Konsequenz ankündigen und sich dann vom Kunden wieder in eine Diskussion verwickeln lassen und womöglich nachgeben, verlieren Sie Ihre Glaubwürdigkeit und der Kunde wird für sein »schlechtes«, d.h. unerwünschtes Verhalten belohnt. Was dann passiert, ist Ihnen sicher sofort klar: Er wird auch beim nächsten Mal wieder betteln, zürnen, drohen oder ewig diskutieren. Sie öffnen Trotz und »Rebellion« Tür und Tor, wenn angekündigte Konsequenzen nicht eintreffen bzw. nicht umgesetzt werden.

Setzen Sie die angekündigten Konsequenzen tatsächlich um.

Belohnung und Strafe

Grundsätzlich gibt es zwei Formen von Konsequenzen: positive und negative, Belohnung und Strafe.

Aus der psychologischen Forschung wissen wir, dass Belohnung besser funktioniert als Strafe. Strafe funktioniert nur so lange gut, wie derjenige anwesend ist, der die Macht hat, zu strafen. Jeder kennt dieses Problem, wenn wir unser Rechtssystem anschauen, in dem die Urteile erst Monate nach der Tat gesprochen werden. Würden Strafen direkt auf die Tat folgen, würde man einen Rückgang an Straftaten erwarten.

Belohnung funktioniert besser als Strafe.

Belohnung hingegen funktioniert sehr gut. Menschen werden eher ein erwünschtes Verhalten zeigen, wenn sie für ihre Kooperation belohnt werden. Beispielsweise können Kunden lernen, nicht mehr unangemeldet bei Ihnen hereinzuschneien und stattdessen einen Termin zu vereinbaren, wenn sie erleben, dass sie dann keine Wartezeiten haben und von Ihnen besonders zuvorkommend behandelt werden.

Der interessante Punkt für Sie dürfte sein, welche Belohnungen und welche Strafen Ihnen überhaupt zur Verfügung stehen. Hier sind ein paar Anregungen von Ihren Kolleginnen: ein freundliches Lächeln, Zeit schenken, ein Bonbon, Verständnis und Anteilnahme, eine zügige Bearbeitung, ein prompter Rückruf. Wenn Sie mit Belohnungen gar nicht weiterkommen, können Sie auch noch diese Dinge erwägen: Anträge langsamer oder vorerst nicht bearbeiten, Leistungen kürzen, nur noch schriftlich mit Kunden verkehren, ein Hausverbot erteilen, Anzeige bei der Polizei erstatten. Fallen Ihnen noch weitere Konsequenzen ein, die Sie in Ihrem Arbeitsbereich einsetzen können? Wo können Sie ein Auge zudrücken? Wo können Sie eine Ausnahme machen?

Authentisch sein

Seien Sie ehrlich! Wenn Sie einen schlechten Tag haben, sagen Sie das! Die meisten Kunden haben Verständnis dafür. Sie erscheinen dann als Mensch, als Gegenüber Ihres Kunden und nicht nur als der verlängerte Arm einer gesichtslosen, mächtigen Institution.
Wenn Sie einen Fehler gemacht haben, entschuldigen Sie sich dafür. Finden Sie keine Ausreden. Übernehmen Sie Verantwortung für Ihr Handeln, so wie Sie es auch von Bürgerinnen und Bürgern erwarten.
Mit Ehrlichkeit und Offenheit signalisieren Sie: Ich bin ein Mensch wie du, wir haben unsere Stärken und Schwächen und wir wollen hier so zusammenarbeiten, dass wir beide zufrieden sind.

Bauchgefühl

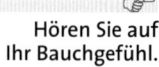

Hören Sie auf
Ihr Bauchgefühl.

»Angst ist etwas Positives«, schreibt Gavin DE BECKER in seinem Buch »Mut zur Angst« (2001). Jeder Mensch ist intuitiv. Jeder Mensch hat ein Bauchgefühl. Das kann ein Kribbeln sein und bis zum Verkrampfen gehen. Unser »Gefahrenradar« ist ständig dabei. Es gibt Empfindungen, die Ihnen eine Gefahr melden. Wenn Sie sie wahrnehmen, können sie Sie vor Gefahr und Verletzung schützen. Also achten Sie auf die Signale Ihres Körpers, Ihre Ahnungen, Ihren Zweifel, Ihr Zögern oder Ihr Misstrauen. Versuchen Sie, Ihre Besorgnis, Ihre Furcht, Ihr Staunen oder Ihre Neugier wahrzunehmen und nicht beiseitezuschieben. Der Personenschützer und Sicherheitsexperte De Becker nennt diese Reaktionen »Boten der Intuition«. Sie können unser Überleben sichern.

Die Gefühle und Wahrnehmungen von Menschen basieren auf unseren über Generationen hinweg gesammelten Lebenserfahrungen. Es ist wissenschaftlich belegt, dass die Verarbeitungskapazität beim bewussten Denken 40 bis 60 Bits pro Sekunde beträgt. Unsere Intuition, unser Bauchgefühl, reagiert dreimal so schnell auf Wahrnehmungsreize. Wenn Sie Angst oder Unbehagen bemerken, ist dies das Ergebnis eines komplexen Informationsverarbeitungsprozesses. Das Gefühl sagt Ihnen, ob etwas gefährlich ist oder nicht, ohne dass Sie immer genau wissen, aufgrund welcher Reize und Wahrnehmungen dieses Urteil entstand. Das ist aber auch egal. Vertrauen Sie darauf, dass mehrere Millionen Jahre Überlebenstraining ein funktionierendes System hervorgebracht haben.

Wir sind der Auffassung, dass ein Bauchgefühl für viele Situationen in Ihrem Leben wichtig ist und Sie sich darauf verlassen dürfen.

Boten der Intuition:
Unbehagen,
quälende Gedanken,
Verwunderung,
Beklemmung,
Neugierde,
Ahnungen,
Bauchgefühl,
Zweifel,
Zögern,
Misstrauen,
Besorgnis,
Angst.

Nur Mut

Unsere Vorschläge sind vor allem das Ergebnis der reichhaltigen Erfahrungen Ihrer Kolleginnen und Kollegen, die diese Strategien in vielen Veranstaltungen entwickelt, erprobt und reflektiert haben. Sie können also davon ausgehen, dass sich die Strategien grundsätzlich mehrfach bewährt haben. Dann stellen Sie sich doch einmal die Frage, was Sie daran hindern könnte, sie selbst anzuwenden.

»Das funktioniert doch sowieso nicht«, könnten Sie sagen. Die Strategien für brenzlige Situationen, die wir Ihnen gleich vorstellen, erscheinen ziemlich einfach, und Sie werden bald merken, viele wiederholen sich. Allerdings können sie manchmal schwer umzusetzen sein. Hinderungsgründe gibt es viele, äußere und mehr noch innere. Uns fallen dazu spontan gleich mehrere ein:

Der Chef verhindert eine gute Zusammenarbeit im Team, weil er so cholerisch, ängstlich, rechthaberisch, faul, drückebergerisch, depressiv, ... ist.

Das Team verhindert die Umsetzung der Strategien, weil es keinen Zusammenhalt gibt, weil hintenrum geredet wird, weil wir zu wenige sind für die viele Arbeit, weil wir nie darüber geredet haben, wie wir uns in Notsituationen verhalten wollen oder woher wir Hilfe bekommen, weil unser Verhältnis zu anderen Behörden unklar ist, weil ständig zu viele Leute krank sind ...

Ich behindere mich vielleicht auch selbst, weil ich nicht glaube, dass man an der Situation wirklich etwas verbessern kann. Möglicherweise denke ich, dass unsere Kunden meine Freundlichkeit und Unterstützung gar nicht verdient haben. Vielleicht habe ich zu Hause sehr viel Stress und weiß nicht, wie ich damit umgehen kann. Es könnte sein, dass ich sowieso immer ganz erstarre, wenn mich jemand anschreit oder beleidigt, sodass ich gar keine Chance sehe, die Strategien umzusetzen. Und es könnte sein, dass ich unsicher bin, ob mir die anderen helfen würden, oder dass ich nicht weiß, ob mein Chef hinter mir steht, weil meine Kollegin mir erzählt hat, dass Mitarbeiter, die »unfreundlich« zu den Kunden sind, entlassen werden ...

Auch vonseiten der Behörde bzw. des Arbeitgebers fallen uns Gründe ein, die Ihnen die Umsetzung der Strategien erschweren können. Qualitätssicherungssysteme erwecken manchmal den Eindruck, dass sie die Kundenfreundlichkeit damit verwechseln, dass Klientinnen alles dürfen: laut werden, beleidigen und sogar tätlich werden. Beschwert sich eine Kundin auf dem Wege über ein Qualitätssicherungssystem, dass ein Mitarbeiter sie rausgeworfen hat und »unfreundlich« war, bekommt sie oft recht, obwohl sie den Mitarbeiter aufs Unflätigste beschimpft hat. Als Mitarbeiter muss ich mir dann sagen lassen: »Legen Sie sich ein dickeres Fell zu.« Oder – auch von so etwas haben wir schon gehört – ich muss mir als Mitarbeiterin anhören: »Jetzt stellen Sie sich nicht so an, ist doch nicht so schlimm«, nachdem ein Kunde mich an die Wand gedrückt und bedroht hat.

Jetzt kommt allerdings ein großes Aber: Die meisten dieser Argumente sind Dinge, die sich verändern lassen. Auch wenn Sie schon sehr entmutigt sein sollten, versuchen Sie es! Ob Sie Ihren Kunden anlächeln oder nicht, das entscheiden Sie ganz allein. Es gibt noch viel mehr Dinge, die Sie entscheiden können und auf die Sie Einfluss haben, wenn Sie sich informieren und trauen. Nur Mut!

Strategien für wiederkehrende schwierige Situationen

Die folgenden Kapitel sind alle gleich aufgebaut. Eine kurze Situationsbeschreibung aus der Praxis dient Ihnen als Grundlage für Ihre Überlegungen und als Beispiel dafür, wie solch eine schwierige oder brenzlige Lage aussehen kann. Dann stellen wir immer ein paar Fragen. Sie sollen Ihnen Denkanstöße geben, und gleichzeitig werden Sie beim Beantworten merken, dass Sie bereits eine Menge wissen und können. Im Anschluss stellen wir Ihnen dann kurz und knapp jene Strategien vor, die sich in der Praxis am meisten bewährt haben.

»Sieh mich in meiner Not!« – Klienten gekonnt unterbrechen

BEISPIEL Ihre langjährige Kundin, Frau Müller, gerät ins Erzählen: »Wissen Sie, meine Schwester ist vor zwei Jahren bei einem Verkehrsunfall ums Leben gekommen. Danach musste ich mich um ihre drei Kinder kümmern, weil ihr Mann das nicht konnte. Mein Hausarzt sagte damals schon, ich solle eine Kur machen. Aber das geht ja nicht, wenn man weiß, dass die Kinder nicht richtig versorgt sind. Und jetzt ist die Waschmaschine kaputtgegangen und ...«
Sie schauen auf die Uhr und werfen einen Blick auf Ihren Kalender. In fünf Minuten kommt Herr Michels. Wahrscheinlich sitzt er schon seit zehn Minuten vor der Tür, gut vorbereitet und knapp an Zeit.
»... deswegen brauche ich eine neue. Bei sieben Personen geht einfach keine gebrauchte, das viele Wasser und der Strom. Ich muss ja schauen, wo wir bleiben. Schon seit drei Jahren habe ich mir keine neuen Schuhe mehr gekauft. Wissen Sie, wie das ist? Wenn man sich nichts mehr leisten kann? Die Kinder wachsen ja ständig und die Nachbarn beschweren sich auch jeden Abend, weil sie weinen und ihre Mutter, meine Schwester, so vermissen und ...« ◉

? Wie würden Sie das Gespräch beenden? Wie können Sie das Gespräch pünktlich beenden, dabei höflich bleiben und nebenbei den Fall Ihrer Kundin auch noch bearbeiten?

Bewährte Strategien

- Wenn Sie die Kundin und ihre Redseligkeit schon kennen, können Sie die Dauer des Kontaktes von vornherein einschränken: »Guten Tag, Frau Müller, heute ist hier viel los, deswegen habe ich nur zwanzig Minuten Zeit. Was kann ich denn für Sie tun?«

  Informationen geben

- Wenn Sie nach einer bestimmten Zeit das Gespräch beenden müssen, treffen Sie eine Absprache mit einem Kollegen, der hereinkommt und Ihnen sagt, dass Sie gebraucht werden. Sie können sich höflich entschuldigen, das Gespräch beenden und die Kundin bitten zu gehen.

  Gast-Haltung

- Frau Müller hat in diesem Moment ein ganz wichtiges Bedürfnis: Sie möchte gesehen werden, das ist ihr wichtig. Um ihr zu zeigen, dass Sie sie sehen und gleichzeitig Ihrem eigenen Ziel näher zu kommen, können Sie die Technik »Vom Gefühl zur Sache« (📖 S. 96) einsetzen: »Das klingt, als hätten Sie es ganz schön schwer gehabt. Was die Waschmaschine angeht, so kann ich Ihnen nur einen bestimmten Betrag dafür zur Verfügung stellen. Ob Sie eine neue oder gebrauchte kaufen, können Sie selbst entscheiden.«

  Entscheiden lassen

- Wollen Sie Ihre wortreiche und bedürftige Kundin nur unterbrechen, um noch ein paar Dinge zu klären, dann können Sie das so machen: »Moment, Moment, Sie ziehen also die drei Kinder Ihrer Schwester groß und jetzt ist die Waschmaschine kaputtgegangen. Das geht natürlich nicht. Lassen Sie mich mal sehen, für die Waschmaschine kann ich Ihnen X € geben.« In ein Lächeln verpackt ist diese Strategie ein echter Hit.

  »Vom Gefühl zur Sache«, S. 96

- Sollte es darum gehen, das Gespräch an dieser Stelle zu beenden, haben wir auch dazu einen Vorschlag: »Moment, Frau Müller, das hört sich nach einer schwierigen Zeit an, aber es klingt auch danach, als ob Sie sehr gut für Ihre Familie sorgen. Wenn ich Ihnen mal wieder weiterhelfen kann, tue ich das gerne. Jetzt muss ich das Gespräch aber leider beenden, weil draußen schon der Nächste wartet.« Dazu stehen Sie auf und gehen gegebenenfalls direkt zur Tür und öffnen sie. All dies begleiten Sie mit einem freundlichen Lächeln.

  Nonverbale Kommunikation, S. 100

Konsequenzen
aufzeigen
und umsetzen

● Findet das Gespräch am Telefon statt, können Sie prinzipiell die gleichen Strategien einsetzen. Wichtig ist, dass Sie auch am Telefon in dieser Situation verbal und nonverbal ♔ stimmige Botschaften senden (S. 100). Das bedeutet, dass Sie Ihr Auflegen ankündigen: »Frau Müller, ich sehe, dass alles sehr schwierig für Sie ist. Aber ich muss unser Gespräch jetzt beenden.« Setzt Ihre Gesprächspartnerin dann erneut an, sagen Sie: »Frau Müller, ich muss das Gespräch jetzt wirklich beenden. Ich lege jetzt auf. Ich wünsche Ihnen noch einen guten Tag. Auf Wiederhören.« Und dann legen Sie auf.

»Ihr trinkt doch den ganzen Tag nur Kaffee« – Klienten sind unfreundlich

BEISPIEL   In einer kurzen Pause zwischen einem Termin und der Sprechzeit beraten Herr Bruck und Frau Körner gerade eine schwierige Entscheidung. Sie überlegen, wie sie die beste Lösung für den Kunden und das Amt finden, als jemand anklopft und die Tür öffnet.
Herr Winter tritt ein und schaut die beiden Sachbearbeiter erwartungsvoll an. Eigentlich beginnt die Sprechzeit erst in zehn Minuten. Er sieht, dass Frau Körner ein Glas Wasser auf dem Tisch stehen hat und Herr Bruck eine Kaffeetasse in der Hand hält.
»Ich warte jetzt schon zwanzig Minuten vor dieser Tür, aber das ist ja typisch! Arbeiten Sie heute auch noch mal?« ◉

?   Aus welchen Gründen könnte Herr Winter so offensichtlich genervt sein? Können Sie etwas dagegen unternehmen? Lassen sich solche Situationen vermeiden?

Es wäre möglich, dass Herr Winter so gar kein Verständnis für Ihre Arbeit aufbringt, weil er sich der Behörde gegenüber ausgeliefert fühlt. Es könnte sein, dass er versucht, sein Gefühl der Unterlegenheit über Unfreundlichkeit, Ironie oder Sarkasmus auszugleichen. Das gelingt nur selten wirklich unterhaltsam. Es gibt aber auch noch viele weitere mögliche Erklärungen: Er könnte einfach schlechte Laune oder Stress mit seiner Familie haben, schlechte Erfahrungen mit Ämtern gemacht haben oder es könnte sein, dass seine sozialen Fähigkeiten aufgrund einer psychischen Störung eingeschränkt sind.

Merken Sie etwas? All diese Gründe haben nichts mit Ihnen zu tun. Herr Winter war vermutlich schon frustriert oder ärgerlich, bevor er Kontakt zu Ihnen hatte. Das ist sicher keine Entschuldigung, jedoch eine Erklärung für sein unfreundliches Verhalten. An dieser Stelle entscheiden Sie, inwieweit Sie Ihre Macht, die Sie zweifelsohne besitzen, ausspielen werden oder ob Sie sich um einen partnerschaftlichen Kontakt bemühen, der langfristig weniger Stress für Sie mit sich bringt.

Bewährte Strategien

- »Es tut mir leid, dass Sie den Eindruck haben, wir würden hier nicht arbeiten. Wir besprechen gerade eine schwierige Entscheidung und suchen nach der besten Lösung. Bitte gehen Sie noch einen Moment hinaus. Sobald wir fertig sind, werde ich Sie hereinbitten.« Oder:

  Gast-Haltung
  +

- »Die Sprechzeit beginnt erst in zehn Minuten. Jetzt haben wir Mittagspause und wir nutzen selbst die noch, um Entscheidungen zu besprechen, vielleicht sogar Ihre. Bitte warten Sie draußen. Sobald wir fertig sind, werde ich Sie hereinbitten.« Oder:

  Informationen geben
  +

- »Guten Tag, Herr Winter, es tut mir leid, dass Sie so früh hier sind und deshalb warten müssen. Die Sprechzeit beginnt jedoch erst in zehn Minuten. Bitte warten Sie draußen. Ich rufe Sie dann auf.«

  Grenzen setzen

Es mag noch viele weitere, sehr unterschiedliche Situationen geben, in denen Kunden unfreundlich oder unsachlich werden. Wir haben noch mehr Vorschläge, was Sie sagen können:

- Eine bewährte Technik ist auch in solchen Fällen »Vom Gefühl zur Sache«: »Ich kann nachvollziehen, dass Sie frustriert sind; hier geht es trotzdem um Ihr Anliegen, lassen Sie uns sehen, was ich für Sie tun kann.« Oder:

  »Vom Gefühl zur Sache«, S. 96

- »Mir ist klar, dass Sie damit unzufrieden sind. Wenn ich es persönlich entscheiden könnte, würde ich es anders machen, aber das Gesetz gibt diese Entscheidung vor. Ich entscheide also nicht willkürlich, sondern die Entscheidung wird mir vorgegeben. Leider habe ich da keinen Spielraum.«

  Informationen geben

- Wenn es die Möglichkeit gibt, legen Sie Kundinnen zusätzlich noch den Gesetzestext, die Verordnung o. Ä. schriftlich vor: »Es ist verständlich, dass Sie jetzt frustriert sind. Sie haben mir all diese Unterlagen mitgebracht. Aufgrund dieser Informationen schreibt das Gesetz vor, wie wir entscheiden müssen. Da kann ich leider nichts tun.«

- »Es tut mir leid. Ich kann nachvollziehen, dass Sie unzufrieden sind, ich kann es jedoch nicht ändern. Jeder hier müsste die Entscheidung genauso fällen.«

Wenn sich eine Uneinigkeit nicht klären lässt oder eine Ablehnung notwendig ist, dann kann es sein, dass das Gespräch weiter eskaliert, weil der Kunde sich aufregt und laut wird (siehe S. 66), Klientinnen Sie beleidigen (siehe S. 67) oder der Klient Sie bedroht (siehe S. 72). Bitte lesen Sie in den entsprechenden Kapiteln weiter.

»Hinterher muss ich lüften und mir die Hände waschen« – ungepflegte Klienten

BEISPIEL   Es klopft und Frau Singer sagt: »Herein.« Herr Ruk betritt das Zimmer und Frau Singer sieht schon an seiner Kleidung, dass er heute gar nicht gut drauf ist und sich vermutlich in den letzten fünf Tagen weder die Hände gewaschen noch geduscht hat. Im gleichen Moment zieht ein Geruch von Alkohol, Müll und Urin durch ihr Büro und sie spürt den Ekel in ihrer Kehle hochsteigen. Dennoch bittet sie Herrn Ruk, Platz zu nehmen, und öffnet das Fenster. Der Geruch ist penetrant und Frau Singer weiß nicht, wie sie die nächsten zwanzig Minuten überstehen soll, ohne sich vor dem Kunden zu übergeben.
Herr Ruk dagegen sieht sie freundlich und erwartungsvoll an. ☉

?   Wie kann Frau Singer diesen Kontakt überstehen? Ist es erlaubt, Bürgerinnen und Bürgern zu sagen, dass sie stinken? Muss man die Geruchsbelästigung einfach ertragen?

Bewährte Strategien

- Es ist Ihr Büro, also legen Sie fest, was Sie an Gerüchen ertragen können und was nicht oder wem Sie die Hand geben und wem nicht. Sie entscheiden. Machen Sie sich Gedanken über ihre persönliche Toleranzgrenze, was Schmutz und Geruch angeht. Unsere Seminarteilnehmer gehen sehr unterschiedlich mit dem Thema um: Einige erlauben das Rauchen am geöffneten Fenster, weil manchmal auf diese Art Kontakte stressfrei abgewickelt werden können. Manche reichen Klienten die Hand und waschen sie hinterher einfach. Manche halten den Gestank aus und lüften parallel oder hinterher, wie Frau Singer in unserem Beispiel.

- Oft ist es auf Ämtern gar nicht üblich, den Bürgern die Hand zu geben. Vor allem, wenn Sie öfter Kontakt mit denselben Kunden haben, kann es dennoch sinnvoll sein. Bei manchen Behörden gehört die Begrüßung per Handschlag einfach dazu. Folglich sind dann Kunden irritiert, wenn man sie ihnen verwehrt. In unserem Kulturkreis ist das Händeschütteln ein normales Begrüßungsritual und somit Ausdruck von gegenseitiger Wertschätzung. Eine Verweigerung ist eine Zurückweisung. Sie können Konflikte vermeiden, indem Sie Ihre Entscheidung erklären: »Es tut mir leid, Herr Ruk, dass ich Ihnen zur Begrüßung nicht die Hand gebe, aber das ist hier so üblich. Es ist eine Schutzmaßnahme für uns alle. Wir haben einige Kunden mit ansteckenden Krankheiten und wollen nicht, dass durch uns andere Menschen oder wir selbst angesteckt werden. Bitte sehen Sie mir das nach. Was kann ich denn heute für Sie tun?«

Informationen geben

- Wenn Sie möchten, dass Ihre Kundinnen Ihnen so viel Respekt zollen, dass sie halbwegs geruchsneutral bei Ihnen erscheinen, dann sollten Sie das einfordern, z.B. indem Sie sagen: »Es tut mir leid, aber ich kann mich nicht konzentrieren, weil Sie so stark riechen. Bitte gehen Sie nach Hause und duschen Sie. Wir können gerne einen neuen Termin vereinbaren.«

Grenzen setzen

- Vermutlich möchten Sie, dass Ihre Klienten dieser Empfehlung auch in Zukunft folgen. Dann sollten Sie Ihnen die Konsequenzen aufzeigen, falls Sie beim nächsten Mal wieder müffelnd auftauchen: »Wenn Sie erneut so ungepflegt sind, dann werden wir in Zukunft nur noch schriftlich miteinander verkehren.« Oder Sie sagen: »... dann werde ich auch beim nächsten Mal einen neuen Termin mit Ihnen vereinbaren und Sie nach Hause schicken.«

Konsequenzen aufzeigen und umsetzen

- Ganz wichtig ist allerdings: Wenn Ihr Kunde das nächste Mal frisch geduscht erscheint, dann geben Sie ihm eine **positive Rückmeldung**. »Herr Ruk, schön, Sie zu sehen. Vielen Dank, dass Sie meinem Wunsch entsprochen haben. Das freut mich sehr.«

»Ich musste noch schnell ...« – Klienten sind unpünktlich

BEISPIEL   Vor zwanzig Minuten hatte Herr Mayer vom Sozialamt eigentlich einen Termin mit Frau Fischer. Herr Mayer hat sich bereits damit abgefunden, dass Frau Fischer mal wieder den Termin vergessen hat. Er bereitet gerade den nächsten Termin vor, da klopft es an der Tür. Ohne sein »Herein« abzuwarten, stürmt Frau Fischer in das Büro. »Es ist ein bisschen später geworden«, sagt sie, setzt sich und beginnt in ihrer Handtasche zu kramen. Der nächste Kunde sitzt schon draußen und Termine mit Frau Fischer dauern erfahrungsgemäß immer etwas länger. Herr Mayer weiß, wenn er sich jetzt noch Zeit für Frau Fischer nimmt, werden sich alle folgenden Termine um mindestens 25 Minuten nach hinten verschieben. Gleichzeitig hat er überhaupt keine Lust, sich mit Frau Fischer anzulegen. Ganz unkommentiert möchte er die Verspätung aber auch nicht lassen.

»Würden Sie bitte das nächste Mal pünktlich sein, Frau Fischer? Sonst müssen wegen Ihnen wieder alle warten.« »Es tut mir leid, ich musste noch schnell zum Arzt«, erwidert sie. »Wir haben diesen Termin vor drei Wochen ausgemacht. Dann müssen Sie eben besser planen.« Frau Fischer wirkt ziemlich empört: »Entschuldigung, dass ich krank geworden bin. Sie können froh sein, dass ich überhaupt da bin.« »Wenn Sie gar nicht kommen, kann ich Ihren Fall nicht bearbeiten und dann gibt es im nächsten Monat kein Geld.« »Wollen Sie mir drohen?« Frau Fischer hebt die Stimme. Inzwischen sind weitere fünf Minuten vergangen, ohne dass Herr Mayer inhaltlich weitergekommen wäre. ◉

? Welche Möglichkeiten hat Herr Mayer, mit der Unpünktlichkeit von Frau Fischer umzugehen? Was wird beim nächsten Mal passieren, wenn Herr Mayer sich heute doch noch Zeit für Frau Fischer nimmt? Welche Folgen ergeben sich für Herrn Mayer an diesem Tag?

Bewährte Strategien

Informationen geben

● Stellen Sie sicher, dass Ihre Kundinnen und Klienten über Abläufe und Spielregeln Bescheid wissen. Das ist vor allem dann wichtig, wenn Sie mehrere Kontakte mit Ihren Kunden haben. »Guten Tag,

Herr Michels, Sie sind heute das erste Mal hier, nicht wahr? Dann möchte ich Ihnen kurz erklären, wie das hier so alles abläuft ...« Solche Erklärungen sind nicht nur höflich, sondern vermitteln Ihren Kunden zusätzlich Sicherheit. Sie zeigen Klienten Ihre Wertschätzung und erhöhen gleichzeitig die Wahrscheinlichkeit für eine gute Zusammenarbeit.

Gast-Haltung

- Ist es das erste Mal, dass Ihr Kunde zu spät ist, so zeigen Sie Verständnis und weisen Sie ihn freundlich darauf hin, dass es wichtig ist, dass er beim nächsten Mal pünktlich kommt. Begründen Sie: Sie schaffen sonst Ihr Pensum nicht und andere Kundinnen müssen dann warten. Hilfreich ist auch, wenn Sie ganz genau sagen, wie viele Minuten Sie kompensieren können, ab welcher Verspätung Sie ihm einen neuen Termin geben müssen und sein Anliegen dann nicht bearbeiten können. Wo die Grenze liegt, das müssen Sie entscheiden. Sie könnten sagen: »Das kann ja jedem mal passieren. Aber ich muss Sie darauf hinweisen, dass wir einen neuen Termin ausmachen müssen, wenn Sie noch einmal zehn Minuten zu spät kommen. Sonst kommt hier der ganze Ablauf durcheinander und die anderen, pünktlichen Kunden müssen dann warten. Das wollen Sie ja auch nicht, wenn Sie selbst pünktlich sind. Bitte achten Sie in Zukunft darauf, rechtzeitig hier zu sein.«

Verständnis zeigen bei der ersten Verspätung.

Grenzen setzen

Konsequenzen aufzeigen und umsetzen

- Oder Sie sagen: »Ja, das kann passieren. Allerdings müssen jetzt alle weiteren Kunden deswegen warten, sind dann vielleicht schlecht gelaunt und ich habe es dann den ganzen restlichen Tag mit griesgrämigen Leuten zu tun. Das möchte ich nicht so gerne. Deswegen haben wir in dieser Abteilung die Vereinbarung: Wer mehr als fünf Minuten zu spät kommt, bekommt einen neuen Termin. Ich bitte Sie also, in Zukunft darauf zu achten, dass Sie rechtzeitig da sind. Da Sie das erste Mal hier einen Termin haben, mache ich heute noch mal eine Ausnahme. Was kann ich denn für Sie tun?«

Informationen geben

- Sie haben immer die Freiheit zu entscheiden, ob Sie eine Entschuldigung für ein Zu-spät-Kommen akzeptieren oder ob Sie die angekündigte Konsequenz umsetzen und einen neuen Termin vergeben. Berücksichtigen Sie die Folgen für sich selbst, wenn Sie Ihren Klientinnen nachgeben.

- Sie können beispielsweise sagen: »Es tut mir leid. Schon beim letzten Mal hatte ich Ihnen gesagt, dass Sie rechtzeitig hier sein sollen. Ich gebe Ihnen jetzt einen neuen Termin und dann müssen Sie leider noch mal wiederkommen.« Vermutlich wird Ihre Kundin versuchen zu verhandeln. Lassen Sie sich darauf nicht ein. Wenn die

Konsequenzen aufzeigen und umsetzen

Kundin es schafft, Sie zu überreden, hat sie sich mit ihrer Unpünktlichkeit durchgesetzt und die Wahrscheinlichkeit, dass sich dieses Verhalten wiederholt, steigt. Beenden Sie das Gespräch schnellstmöglich. Wie das gut gelingt, können Sie auf Seite 30 nachlesen.

»Nur ganz kurz« – Klienten platzen herein

BEISPIEL Herr Liebknecht bespricht gerade mit seiner Kundin Frau Sailer das weitere Vorgehen, als plötzlich die Tür aufgeht. Herr Liebknecht und Frau Sailer schauen leicht erschrocken den Eindringling an.

»Der schon wieder«, denkt Herr Liebknecht. In der Tür steht Herr Teiler. »Nur ganz kurz, Herr Liebknecht«, sagt er, lächelt und schließt die Tür hinter sich, ohne dass ihn jemand zum Eintreten aufgefordert hätte. ⊙

? Herr Teiler scheint ja sehr nett zu sein, wie würden Sie reagieren? Was, wenn Herr Teiler sich nicht von Ihnen beeindrucken lässt? Was, wenn die Stimmung kippt? Wie viel Unterbrechung ist in Ordnung? Wie lassen sich Unterbrechungen verhindern?

Bewährte Strategien

Wenn man nur kurz etwas abgeben möchte, mag es verständlich sein, einfach vorbeizuschneien und es Ihnen auf den Tisch zu legen. Es bleibt aber selten beim »Kurz-Reinkommen« und schon gar nicht, wenn man wie Herr Teiler die Tür wieder hinter sich schließt. Damit signalisiert er: »Jetzt beschäftige dich mit mir! Jetzt bin ich dran.« Sie haben verschiedene Möglichkeiten, auf solche Unterbrechungen zu reagieren.

Grenzen setzen

- »Nein, Herr Teiler, Sie sehen, ich bin im Gespräch. Bitte warten Sie draußen.«

- »Sie sehen, dass ich im Gespräch bin. Gehen Sie bitte wieder hinaus und warten Sie draußen. Wenn ich fertig bin, rufe ich Sie herein und wir klären, ob wir über Ihr Anliegen kurz sprechen.« Bevor Sie das sagen, stehen Sie auf und zeigen auf die Tür.

Stimmige Botschaften senden, S. 100

- Sollte Ihr Klient in eine Diskussion mit Ihnen einsteigen wollen, stehen Sie auf, gehen zur Tür, öffnen sie und bitten ihn auch nonverbal aus dem Zimmer, während Sie sagen: »Herr Teiler, ich bin im Gespräch und ich werde das jetzt nicht mit Ihnen besprechen. Ich möchte, dass Sie vor die Tür gehen und warten, bis Sie dran sind. Sie möchten doch auch nicht unterbrochen werden, wenn wir im Gespräch sind.«

- Folgt der Kunde Ihrer Aufforderung und verlässt den Raum wieder, führen Sie Ihr Gespräch zu Ende und belohnen ihn für seine Kooperation, indem er direkt im Anschluss sein Anliegen klären kann. Weisen Sie dann noch einmal auf die Spielregeln hin.

Belohnung und Strafe

- Sollten all Ihre nonverbalen und verbalen Aufforderungen nichts nützen, müssen Sie noch bestimmter werden: »Herr Teiler, Sie verlassen jetzt sofort mein Büro. Ich diskutiere das nicht. Und wenn Sie nicht augenblicklich gehen, bespreche ich heute gar nichts mehr mit Ihnen. Bitte ...« Weisen Sie ihm die Tür mit einer deutlichen Geste.

Konsequenzen aufzeigen und umsetzen

- Sollten all diese Mittel nichts nützen und Sie können Ihren hereingeplatzten Kunden gar nicht dazu bewegen, den Raum wieder zu verlassen, lesen Sie auf Seite 69 weiter.

»Oh, das habe ich vergessen« – Klienten erfüllen ihren Teil der Zusammenarbeit nicht

BEISPIEL »Frau Locher, haben Sie mir Ihre Gehaltsabrechnungen mitgebracht?«, fragt Herr Mikesch. »Ich habe sie nicht gefunden.« Frau Locher schaut betreten vor sich auf den Tisch mit den vielen Akten. »Und was ist mit der Bescheinigung Ihres Vermieters wegen der Kostenaufstellung für Ihre Wohnung?« Frau Locher schaut kurz hoch und dann wieder auf den Tisch. Sie knetet ihre Hände und sagt leise: »Der hat das Papier noch nicht zurückgeschickt.« »Frau Locher, wir hatten vereinbart, dass Sie mir die Unterlagen heute bringen.« »Aber wenn ich die Gehaltszettel doch nicht finde und der Vermieter nicht antwortet? Was soll ich denn da machen?« ◉

? Wie viele Ausnahmen machen Sie in Ihrem beruflichen Alltag? Wann muss Ihr Kunde die Unterlagen unbedingt mitbringen? Wie können Sie überbrücken? Macht Frau Locher das mit Absicht? Können Sie Frau Locher zur Kooperation zwingen?

Klientinnen und Kunden haben ganz unterschiedliche Gründe dafür, dass sie ihren Teil in der Zusammenarbeit nicht erledigen können oder wollen. Sie kennen das sicherlich: Kunden, die ihre Schwächen immer auf andere abwälzen, verursachen bei Ihnen genauso viel Ärger wie jene, die nicht bereit sind, Verantwortung für ihr Leben zu übernehmen. Vielleicht sind manche auch einfach bislang damit durchgekommen?

Aber spielt das für Sie eine Rolle? Nein. Sind die Unterlagen nicht da, kann das Anliegen Ihres Gegenübers eben nicht bearbeitet werden. Die Menschen vor Ihrem Schreibtisch wollen ja in der Regel etwas von Ihnen und nicht umgekehrt.

Bewährte Strategien

Konsequenzen aufzeigen und umsetzen

- Erklären Sie Ihrem Kunden, dass es seine Verantwortung ist, Unterlagen beizubringen, und dass Sie Ihre Arbeit nicht machen können, wenn er das nicht erledigt. Sein Anliegen kann deswegen dann eben nicht bearbeitet werden. Geben Sie folgenden Hinweis: »Es geht schneller, wenn Sie Ihren Teil dazu beitragen / wenn Sie die Anforderungen erfüllen / die Unterlagen beibringen.«
- Sofern das in Ihrem Bereich möglich ist, erklären Sie Ihrer Kundin, dass die fehlenden Unterlagen nicht berücksichtigt werden können, sollten sie bis zu einer bestimmten Frist nicht vorliegen. Erklären Sie ihr auch, welche praktischen Folgen das Nichtberücksichtigen hat.
- Wenn es tatsächlich an Dritten liegen sollte, dass Unterlagen fehlen, kann man einen zweiten Termin vergeben oder gemeinsam überlegen, wie Ihr Kunde den Dritten dazu bringen kann, zu tun, was notwendig ist. Hüten Sie sich aber davor, selbst Verantwortung zu übernehmen, letztendlich bleibt es die des Kunden.

Klientinnen lügen mich an

Nicht für alle Menschen ist Ehrlichkeit ein wichtiger Wert.

Wenn Sie merken, dass Sie sich maßlos ärgern und aufregen, wenn Sie angelogen werden, dann ist Ehrlichkeit ein wichtiger Wert für Sie. Es kann helfen, sich klarzumachen, dass Ihr Gegenüber vermutlich andere Werte hat und er oder sie Ehrlichkeit nicht ganz so wichtig nimmt. Sie können sich zum Beispiel immer wieder sagen: »Sie hat das gelernt, dass sie mit Lügen ans Ziel kommt« oder »Es geht ja nicht um mein persönliches Geld« oder »Ich mache meinen Job, so gut ich kann. Menschen zur Ehrlichkeit zu erziehen und dadurch dem Staat dabei zu helfen, Geld zu sparen, steht nicht in meiner Stellenbeschreibung«.

Sind Ihre Werte verletzt, werden Sie gestresst sein.

Sie können sich aber auch einen Sport daraus machen, Lügen auf freundliche Art als solche zu enttarnen. Dabei sollten Sie sich vor Augen halten, dass man beim Sport auch mal verlieren kann. Aber das macht ja nichts, gegen die meisten Gegner kann man mehrmals antreten und wächst mit der Erfahrung. Der Austausch mit Kolleginnen kann hier besonders hilfreich sein.

Stress, S. 90

Bewährte Strategien

- Hören Sie genau zu und weisen Sie auf Widersprüche hin, die Sie sich dann erklären lassen. Zum Beispiel: »Vorhin haben Sie ... gesagt und jetzt gerade sagten Sie ... Das verstehe ich nicht. Können Sie mir das erklären? Für mich passt das nicht zusammen.« Bleiben Sie dabei möglichst freundlich und zugewandt.

Hören Sie gut hin und prüfen Sie Aussagen genau.

Gast-Haltung

- Behauptet der Klient, er habe etwas zu Hause liegen lassen oder vergessen, erwidern Sie: »Das ist kein Problem. Dann gehen Sie jetzt und holen es.« Je nach Ablauf an Ihrem Arbeitsplatz vergeben Sie einen neuen Termin, der Kunde muss sich noch mal anstellen oder Sie können ihn dazwischenschieben.

Grenzen setzen

- Behauptet Ihre Kundin etwas, dem Sie nicht so recht Glauben schenken können, lassen Sie sie Beweise bringen. Wenn eine Kundin z. B. beteuert, dass ein Vermieter die Nebenkostenabrechnung noch nicht gemacht hat, fordern Sie einen Nachweis ein: »Bitten Sie doch Ihren Vermieter, das mit einem kurzen Schreiben für meine Akten zu bestätigen.« Kundinnen und Klienten, mit denen Sie länger zusammenarbeiten, werden sich daran gewöhnen, dass Sie Behauptungen überprüfen.

- Letztlich kann man es durchaus offen ansprechen, wenn man Zweifel an den Aussagen von Kunden hat: »Wissen Sie, ich habe das Gefühl, dass das nicht stimmt.« Wichtig ist, dass Sie Ihre Vermutung begründen und konkrete Aussagen von Klienten benennen können, die sich widersprechen.

Authentisch sein

- Wenn Sie den Eindruck haben, dass die Person aufrichtig ist, dann können Sie Ausnahmen machen. Sie glauben Ihrer Kundin also beispielsweise, dass sie Unterlagen lediglich zu Hause hat liegen lassen. Dann können Sie alles bearbeiten und Ihre Kundin kann die

Belohnung und Strafe

Bauchgefühl

Unterlagen am gleichen Tag noch vorbeibringen. Hier können Sie sich auf Ihr Bauchgefühl verlassen.

Informationen geben

● Reagieren Kunden mit »Ich lüge Sie doch nicht an!« oder »Glauben Sie, dass ich Sie anlüge?«, können Sie erwidern: »Darum geht es nicht. Ohne die Unterlagen kann ich Ihr Anliegen nicht bearbeiten. Bitte haben Sie dafür Verständnis. So will es das Gesetz bzw. meine Dienstvorschrift.«

»Ich will zu Ihrem Chef!« – Klienten sind mit Entscheidungen nicht einverstanden

BEISPIEL »Was ist das Problem? Ich habe all Ihre Auflagen erfüllt und jetzt will ich meinen Führerschein zurück!« Herr Schneider läuft vor dem Schreibtisch hin und her. Herr Semper, der Sachbearbeiter, widerspricht: »Das stimmt so nicht. Das Ergebnis der medizinisch-psychologischen Untersuchung fehlt mir noch. Sie wissen, dass ich Ihnen den Führerschein so nicht geben kann.«
»Aber ich brauche meinen Führerschein. Da hängt mein Job dran.«
»Das tut mir leid, Herr Schneider, aber Vorschrift ist Vorschrift. Hier kann ich keine Ausnahme machen.« Herr Semper lehnt sich in seinem Stuhl zurück. Er sieht die Verzweiflung seines Kunden, aber ihm sind die Hände gebunden. Herr Schneider bleibt vor dem Schreibtisch stehen und starrt den Sachbearbeiter wütend an: »Ich will zu Ihrem Chef!« »Der wird Ihnen da auch nicht weiterhelfen können.« »Ich will zu Ihrem Chef, und zwar sofort!«, schnaubt Herr Schneider. ⊙

? Wie geht es Herrn Schneider? Warum will er zu Ihrem Chef? Wie reagiert Ihre Vorgesetzte auf Kunden wie Herrn Schneider? Aus welchen Gründen wollen Ihre Kunden mit Ihrem Vorgesetzten sprechen?

So gut wie nie kommt es vor, dass Kunden mit Vorgesetzten sprechen möchten, weil sie zufrieden mit der Arbeit von Sachbearbeitern sind. Fast immer geht es darum, dass sie über eine höhere Instanz eine andere Lösung erreichen wollen. Herr Schneider aus dem Beispiel ist unzufrieden. Er will seinen Führerschein wieder, und zwar sofort. Es wäre aber auch möglich, dass er den Grund der Ablehnung nicht richtig verstanden hat. Versuchen Sie, sich in die Lage des Sachbearbeiters zu versetzen. Vielleicht will Herr Schneider mit Ihrem Vorgesetzten sprechen, um auf Sie Druck auszuüben. Möglicherweise nimmt er an, dass es für Sie unangenehm ist, wenn Sie in dieser Angelegenheit Ihren Chef hinzuziehen müssen. Eventuell liegt er damit ja sogar richtig. Tatsächlich wäre es Ihnen sicher peinlich, wenn Ihr Vorgesetzter einen Fehler in der Bearbeitung fände. Ginge Ihr Chef auf die Forderung ein, würde er Ihre Kompetenz infrage stellen und gleichzeitig würden Sie es als ungerecht gegenüber anderen Kunden empfinden. All dies löst bei Ihnen möglicherweise ungute Gefühle aus. Sie haben aber dennoch viele Möglichkeiten, sicher und professionell mit solchen Situationen umzugehen. Wichtig ist dabei eine gute Absprache im Team gemeinsam mit Vorgesetzten.

Bewährte Strategien

- »Ich habe den Eindruck, dass Sie den Grund meiner Ablehnung nicht verstanden haben. Darf ich es Ihnen noch einmal erklären und Ihnen die Vorschrift hierzu zeigen?«

  Informationen geben

- Wenn Sie direkt auf die Forderung nach einem Gespräch beim Vorgesetzten eingehen können: »Das dürfen Sie gerne tun. Sie haben das Recht, meine Entscheidungen überprüfen zu lassen. Ich bringe Sie zu ihm, muss aber zuerst klären, ob er Zeit hat.«

  Gast-Haltung

- Falls es nicht möglich ist, dass Sie den Klienten direkt an Ihre Vorgesetzte verweisen: »Ich gebe Ihnen gerne die Telefonnummer, damit Sie sich um einen Termin bei ihr bemühen können.«

  Informationen geben

- Wichtig ist eine gute Zusammenarbeit im Team (📖 S. 123). Achten Sie darauf, gegenüber Klienten zu signalisieren, dass Sie sich gegenseitig nicht ausspielen lassen (siehe nächstes Kapitel).

- Kann Ihr Kunde direkt mit Ihrer Vorgesetzten sprechen, ist es sehr hilfreich, wenn sie so reagiert: »Herr Schneider, ich habe Ihr Anliegen gehört. Bevor ich dazu Stellung nehme, muss ich mich bei Herrn Semper über die Sache genau informieren. Bitte warten Sie noch einen Augenblick draußen.« So signalisiert Ihre Vorgesetzte, dass sie das Anliegen des Kunden ernst nimmt, aber die Sicht des Sachbearbeiters für relevant hält.

  Grenzen setzen

- Genauso gut können Sie mit Ihrer Vorgesetzten sprechen, bevor der Kunde sein Anliegen vorbringt. Dann könnten Sie sagen: »Sie dürfen die Entscheidung gerne von meiner Vorgesetzten überprüfen lassen. Ich muss aber zuerst klären, ob sie jetzt Zeit hat, und werde sie über Ihr Anliegen und den Grund meiner Ablehnung informieren.«

»Ihre Kollegin hat aber gesagt, dass das geht« – Klienten spielen Kolleginnen gegeneinander aus

BEISPIEL Frau Geiger ist neu in der Abteilung. Vor drei Monaten hat sie mit viel Freude die neue Stelle angetreten und genießt die Abwechslung, die der Job auf dem Sozialamt mit sich bringt. Es klopft an der Tür. Frau Geiger steht auf und öffnet: »Guten Tag. Sie sind Herr Claussen?« Herr Claussen nickt.
Sie bittet ihn herein und er schildert sein Anliegen. Auch wenn sie noch nicht bei allen Fragen ganz sattelfest ist, weiß Frau Geiger sofort, dass sie nicht in seinem Sinne entscheiden kann. Erst vor zwei Tagen hat sie die Vorschrift dazu gelesen. Sie erklärt Herrn Claussen ihre Entscheidung. Er ist damit allerdings überhaupt nicht einverstanden: »Ihre Kollegin hat aber gesagt, dass das geht.« ◉

? Wie gehen Sie mit solchen Situationen um? Wenn Ihre Kollegin dem Kunden tatsächlich andere Fakten geschildert hat, wie reagieren Sie? Macht es einen Unterschied, wenn sich Kundinnen auf Kollegen aus anderen Behörden oder Fachbereichen berufen?

Genau diese Situation kommt häufig in Familien vor: »Mama hat mir das aber erlaubt.« Manche Kinder sind sehr geschickt darin, ihre Eltern bzw. Autoritäten gegeneinander auszuspielen. Sie hoffen, dass Mama etwas erlaubt, wenn sie hört, dass Papa bereits seine Zustimmung gegeben hat. Sie sind jedoch kein Elternteil.

Bewährte Strategien

Informationen geben

Authentisch sein

Gast-Haltung

- Fragen Sie nach dem Namen der Kollegin und rufen Sie sie an oder holen Sie die Kollegin dazu. Nur so kann man die Aussage überprüfen.
- Wenn es nicht möglich ist, direkt mit der Kollegin zu sprechen, oder Sie die Sache lieber unter vier Augen klären möchten, können Sie den Kunden auch vertrösten: »Ich werde das mit der Kollegin klären.« In beiden Fällen nehmen Sie die Aussage des Kunden ernst.
- Auch für Kunden können solche Situationen sehr ärgerlich werden. Indem Sie die Aufmerksamkeit »vom Gefühl zur Sache« (⌂ S. 96) lenken, kann es dennoch gelingen, dass Ihre Klienten die

Entscheidung akzeptieren können: »Ich kann nachvollziehen, dass das für Sie frustrierend ist, trotzdem muss ich das überprüfen.« Oder: »Ich kann nachvollziehen, dass Ihnen die Auskunft meiner Kollegin lieber wäre, jedoch schreibt das Gesetz es leider anders vor.«

● Grundsätzlich können Sie den Kunden auch an die Kollegin verweisen: »Nun, dann müssen Sie sich bei der Kollegin beschweren, die Ihnen diese Auskunft gegeben hat. Ich bin jetzt Ihre Ansprechpartnerin und folglich entscheide ich. Ich erkläre Ihnen gerne, aufgrund welcher Vorschriften ich diese Entscheidung treffe.«

Grenzen setzen

Informationen geben

● Am schnellsten lassen sich solche Situationen klären, wenn es im Team eindeutige Spielregeln gibt, an die sich alle halten. Bei einer guten Zusammenarbeit (📖 S. 123) können Sie ganz gelassen bleiben: »Ich bin mir sicher, dass meine Kollegin das nicht gesagt hat. Vielleicht hat sie sich missverständlich ausgedrückt. Die Rechtslage dazu ist ganz eindeutig. Möchten Sie, dass wir die Kollegin kurz anrufen?«

Entscheiden lassen

»Das steht mir zu!« – Umgang mit unrealistischen Erwartungen

BEISPIEL Herr Paul ist empört und das macht er gegenüber seiner Sachbearbeiterin, Frau Häfner, auch recht deutlich: »Sie haben doch diesen Herd schon zwei Mal reparieren lassen. Ich will jetzt einen neuen. Das ist doch nicht zumutbar! Für alle anderen hat man genug Geld. Das ist doch nicht okay, wenn Milliarden in den Bau dieser Anlagen gesteckt werden. Da wird das Geld zum Fenster rausgeworfen und wir müssen darunter leiden.« Frau Häfner seufzt. »Der Herd ist erst zwei Jahre alt. Sie haben ihn neu bekommen. Das erste Mal war die Herdplatte defekt. Bei der zweiten Reparatur musste die Scheibe der Backofentür ausgetauscht werden, weil Ihre Frau einen Steinkrug darauf fallen gelassen hat. Ich kann Ihnen jetzt nur eine neue Reparatur bezahlen und kein neues Gerät«, erklärt Frau Häfner zum wiederholten Mal.
»Wie soll meine Frau unsere Kinder versorgen, wenn der Herd ständig kaputt ist? Auch mir und meiner Familie steht das zu. Bewilligen Sie endlich einen neuen Herd!«, erwidert Herr Paul gereizt. ◉

? Können Sie Herrn Paul anhand dieser Beschreibung mit wenigen Worten charakterisieren? Welche Gefühle löst Herr Paul in Ihnen aus? Was würden Sie am liebsten tun? Wie gehen Sie normalerweise mit solchen Kunden um?

Man könnte Herrn Paul als einen »Nörgler« bezeichnen, dem nichts recht gemacht werden kann. Wenn jemand eine Meinung äußert, die ihm nicht passt, oder eine Entscheidung gegen seine Vorstellungen trifft, ist er nicht einverstanden. Herr Paul zieht politische Entscheidungen, gesellschaftliche Probleme, private Schwierigkeiten oder Personen des öffentlichen Lebens zur Untermauerung seiner Ansichten heran. Er will die Entscheidung von Frau Häfner nicht verstehen, auch wenn deren Begründung nachvollziehbar ist. Menschen wie Herr Paul stellen Ihre Kompetenz infrage und dadurch werden sie zu schwierigen Klienten. Aber Sie haben verschiedene Möglichkeiten, damit umzugehen.

Bewährte Strategien

Authentisch sein

- Sie können einfach »mitnörgeln«, wenn Sie eine ähnliche Meinung haben, insbesondere wenn die Nörgelei allgemeine Themen betrifft. »Ja, das kann man so sehen«, »Ja, da haben Sie recht« oder »Ja, das sehe ich auch so« sind mögliche Erwiderungen.
- Sie können das Nörgeln ignorieren und versuchen, den Fall weiter zu bearbeiten, sodass Sie das Gespräch abschließen können.

Entscheiden lassen

- Sollte das nicht möglich sein, können Sie »vom Gefühl zur Sache« (📖 S. 96) kommen und sagen: »Ich habe den Eindruck, dass Sie unzufrieden sind und ich es Ihnen nicht recht machen kann. Ich kann Ihnen aufgrund der Vorschrift keinen neuen Herd geben. Was könnte ich denn sonst noch tun, um Ihnen zu helfen?« Dabei sollten Sie die Vorschrift genau benennen oder dem Kunden sogar vorlegen.

Informationen geben

Grenzen setzen

- Wenn der Kunde immer weiterspricht und Ihre Argumentation und Ihre Entscheidung ignoriert, sollten Sie das Gespräch beenden: »Ich habe Ihnen den Grund meiner Ablehnung erklärt. Ich werde heute noch die Reparatur des Herdes veranlassen. Dann kann ich nichts mehr für Sie tun.«

Wenn der Kunde sich weigert zu gehen, können Sie ab S. 69 lesen, wie Sie ihn dazu bewegen können.

»Aber, ich dachte ...« – Klienten verstehen nicht

BEISPIEL »Ich habe diesen Monat zu wenig Geld bekommen«, beginnt Herr Hosny das Gespräch mit seiner Sachbearbeiterin und zeigt ihr seinen Kontoauszug. Frau Sommer schaut in ihren Unterlagen nach und erklärt, dass er letzten Monat einen Vorschuss von 50 € erhalten habe, der ihm von der Auszahlung für diesen Monat abgezogen wurde. »Das habe ich Ihnen aber schon erklärt, als Sie mich vor vier Wochen nach einem neuen Vorschuss fragten. Vielleicht können Sie an irgendeiner Stelle noch sparen, sodass Ihnen das Geld reicht?«

»Aber das Geld habe ich doch für die neuen Schuhe meiner Tochter benötigt. Ich dachte, ich bekomme das zusätzlich zu meiner monatlichen Stütze. Wann wird mir das Geld denn dann ausbezahlt, wenn nicht in diesem Monat?« Frau Sommer atmet tief durch. Dies ist jetzt ihr dritter Versuch, Herrn Hosny zu erklären, dass er nicht mehr Geld bekommt. Langsam bereut sie die vorzeitige Auszahlung, die sie veranlasst hatte, weil ihr Herr Hosny mit seinen drei Kindern leidtat: »Ich kann mir vorstellen, dass Ihre augenblickliche Situation sehr schwierig ist, aber ich musste die 50 € in diesem Monat abziehen. Sie haben das Geld schon im letzten Monat erhalten. Lassen Sie uns jetzt über Ihr zweites Problem sprechen und hierfür eine gute Lösung finden.«

»Aber ich dachte doch, dass ich das Geld als zusätzliche Leistung bekomme.« ... ◉

? Was ist hier so schwierig für Frau Sommer? Welchen Eindruck vermittelt Herr Hosny? Welches Signal wurde durch die vorzeitige Auszahlung gesetzt? Wie hätten diese immer wiederkehrenden Situationen vermieden werden können?

Es gibt einerseits Kunden, die nicht zuhören wollen, und andererseits Kundinnen, die Sie wegen Sprachproblemen oder intellektueller Beeinträchtigungen nicht verstehen können. Bei Ersteren haben Sie vielleicht sogar den Eindruck, dass eine Absicht dahintersteckt. Bei neuen, unbekannten Klienten können Sie anfangs nur schwer erkennen, ob er oder sie nicht verstehen kann oder nicht verstehen möchte. Dazu kennen Sie Ihr Gegenüber zu wenig. Nach einer gewissen Zeit kann es aber gelingen, Nicht-verstehen-Wollen von echtem Unverständnis zu unterscheiden.

Wie Sie am besten mit sprachlichen Problemen umgehen können, steht auf der nächsten Seite. Wenn Sie den Eindruck haben, Ihr Gegenüber kann Sie aufgrund einer intellektuellen Beeinträchtigung nicht verstehen, sollten Sie Sachverhalte in möglichst einfachen Worten und kurzen Sätzen erklären. Je nach Schwere der Beeinträchtigung kann es helfen, Sie stellen sich vor, dass Sie die bürokratischen Vorgänge einem Kind erklären. Mittlerweile gibt es bei vielen Behörden allerlei Broschüren in sogenannter »leichter Sprache«. Eine Übersicht finden Sie beispielsweise auf der Internetseite www.leichtesprache.org.

Es gibt aber durchaus Menschen, die Ihr Ziel dadurch erreichen wollen, dass sie Ihre Entscheidung einfach nicht akzeptieren bzw. verstehen wollen. So können Sie diesen Menschen begegnen:

Randnotiz: Wenn Menschen Sie wegen intellektueller Beeinträchtigungen nicht verstehen können, hilft »leichte Sprache«.

Bewährte Strategien

Randnotiz: Informationen geben — Kommunikation, S. 93

- Auch wenn im Falle von Herrn Hosny diese Strategie nicht zum Ziel führte, so kann es günstig sein, wenn man die Entscheidung begründet und direkt zum eigentlichen Problem überleitet: »Ich kann mir vorstellen, dass Ihre augenblickliche Situation sehr schwierig ist, aber ich musste die 50 € in diesem Monat abziehen, weil Sie das Geld schon im letzten erhalten haben. Lassen Sie uns jetzt über Ihr zweites Problem sprechen und hierfür eine gute Lösung finden.«

Randnotiz: Grenzen setzen

- Kommen Sie mit Ihren Erklärungen kein Stückchen weiter, sollten Sie deutlich signalisieren, dass Sie das Gespräch so nicht weiterführen: »Ich habe Verständnis für Ihre schwierige Situation und ich habe Ihnen ein Angebot zur Klärung des finanziellen Engpasses gemacht. Jetzt habe ich allerdings den Eindruck, dass Sie mich nicht verstehen wollen, und sehe deshalb keinen Grund mehr, das Gespräch weiterzuführen. Ich möchte Sie bitten, mein Büro zu verlassen.«

- Was Sie tun können, wenn Klientinnen dann einfach sitzen bleiben, können Sie auf Seite 69 nachlesen.

Randnotiz: Konsequenzen aufzeigen und umsetzen — Entscheiden lassen

- Wenn ein solches Gespräch am Telefon stattfindet, gilt im Grunde die gleiche Strategie. Sie kündigen dem Kunden an, das Gespräch nur weiterzuführen, wenn über ein anderes Thema gesprochen wird. Wenn er sich darauf nicht einlassen will, werden Sie das Gespräch beenden: »Einen Moment bitte, Herr Hosny. Ich habe Verständnis für Ihre schwierige Situation und Ihnen ein Angebot zur Klärung des finanziellen Engpasses gemacht. Ich unterstütze Sie hierbei gerne. Wenn Sie weiterhin über die 50 € reden wollen, ist unser Gespräch für mich beendet und ich werde auflegen. Bitte entscheiden Sie sich.« Genau so, wie Sie es angekündigt haben, sollten Sie dann auch reagieren.

Umgang mit Sprachproblemen

BEISPIEL Frau Willers versucht sich einen Reim auf die wilden Gesten ihrer Klientin zu machen. Frau Barbero klingt ziemlich aufgeregt: »Io ho diritto a questi soldi. Lei se la prende soltanto con gli stranieri.«

»Es tut mir leid, Frau Barbero«, erwidert Frau Willers, »ich kann Ihnen so nicht weiterhelfen. Ich verstehe Sie nicht. Aber was Sie hier dabeihaben, diese Unterlagen reichen nicht aus. Ich brauche eine Geburtsurkunde für Ihre Tochter.« »Ma come faccio io? Non ha una collega che può tradurre?« Frau Barbero schaut die Sachbearbeiterin ratlos an. ◉

? Wie gehen Sie mit Kunden um, deren Sprache Sie nicht sprechen und die kein Deutsch können? Welche Gefühle haben Sie dabei? Welches Verhalten von Behördenseite würden Sie in einem anderen Land erwarten, z.B. wenn Sie selbst in die USA gehen oder in die Türkei auswandern wollten?

Der Umgang mit dieser Situation macht es zunächst einmal erforderlich, sich über die eigene Haltung Klarheit zu verschaffen. Ja, Sie sind kundenorientiert und Sie sind um Kommunikation bemüht. Möglicherweise sprechen Sie sogar eine oder zwei weitere Sprachen, und dennoch sind Sie vermutlich immer wieder mit dieser Problematik konfrontiert.

Wir empfehlen Ihnen eine höfliche, serviceorientierte aber gleichzeitig klare Haltung, die auf die Eigenverantwortung von Bürgerinnen und Bürgern abzielt. Sie und Ihre Kundinnen und Klienten leben in Deutschland. Deutsch ist hier die Amtssprache, nicht Englisch, Französisch, Italienisch oder Chinesisch. Daher müssen Sie keine Verantwortung für Verständnis- und Verständigungsprobleme von Bürgern übernehmen. Sie können erwarten, dass Bürgerinnen die Amtssprache erlernen oder selbst für eine Unterstützung durch Übersetzer sorgen. Die ♜ Gast-Haltung gilt natürlich auch in diesem Kontext und wir geben Ihnen einige Hinweise, wie Sie Menschen mit Sprachproblemen begegnen können.

♜
Gast-Haltung

Bewährte Strategien

Grenzen setzen

- »Bitte kommen Sie mit einem Übersetzer wieder. Sonst kann ich Ihnen nicht weiterhelfen. Vielen Dank.« Wenn Sie häufiger mit Menschen zu tun haben, die kein Deutsch sprechen und verstehen, kann es hilfreich sein, wenn Sie diesen Satz in den häufigsten Sprachen vorliegen haben. Geben Sie Ihren Kunden die Informationen mit.

Konsequenzen aufzeigen

Gast-Haltung

- Selbstverständlich haben Behörden die Möglichkeit, entsprechende Formulare und Vordrucke in mehreren Sprachen vorrätig zu haben. Fragen Sie bei Ihren Vorgesetzten nach.

- Vermeiden Sie Minderjährige als Übersetzer. Damit umgehen Sie das Risiko, dass Kinder aus mangelndem Wissen falsch übersetzen und sich Ihre Arbeit unnötig erschwert.

- Eine Person als Übersetzerin ist völlig ausreichend.

Sicherheit am Arbeitsplatz, S. 116

- Wenn jemand der deutschen Sprache einigermaßen mächtig ist, dann kommen Sie besser voran, wenn Sie langsam sprechen, einfache Sätze verwenden und auf Fremdwörter verzichten. Das ist auch bei komplizierten bürokratischen Vorgängen möglich. Suchen Sie die Herausforderung, die Dinge in einfaches Deutsch zu »übersetzen«! Auch hier kann »leichte Sprache« (www.leichtesprache.org) helfen.

- Vielleicht haben Sie bei manchen Kunden den Verdacht, dass sie Sie »nicht verstehen wollen«. Dieser Eindruck wird bei Ihnen dann entstehen, wenn all Ihre Versuche, Informationen zu vermitteln, scheitern, die aus Ihrem Erfahrungsschatz heraus bisher gefruchtet haben (siehe dazu auch S. 47).

- Sollten Sie und Ihr Kunde über gemeinsame Fremdsprachenkenntnisse verfügen, z. B. beide Englisch sprechen, behalten Sie im Hinterkopf, dass es eben eine Fremdsprache ist und es daher leicht zu Missverständnissen auf beiden Seiten kommen kann.

»Mit einer Frau rede ich nicht« – schwierige Klienten aus anderen Kulturen

BEISPIEL Herr Bastürk ist umgezogen und muss heute das erste Mal zum Ausländeramt an seinem neuen Wohnsitz. Er ist unsicher, weil er noch nicht dort war und sein Deutsch noch immer nicht so gut ist. Auf diesen Ämtern arbeiten dann auch noch so viele Frauen. Mit denen will er lieber nicht sprechen. »Wie sieht das denn aus? Die sollten besser zu Hause bleiben«, denkt er sich.

Jetzt wird seine Nummer auf dem Display an der Wand angezeigt. Er geht zur Tür, klopft und betritt den Raum, als er das »Herein« hört. »Guten Morgen, bitte nehmen Sie Platz. Was kann ich für Sie tun?«, begrüßt ihn Frau Sommer mit einem Lächeln auf den Lippen. »Das darf doch nicht wahr sein, mit der rede ich nicht. Nebenan ist doch noch ein Mann. Warum kann ich nicht dahin gehen? Mit dem würde ich mein Anliegen besprechen«, fährt es Herrn Bastürk durch den Kopf. Er verschränkt die Arme vor seinem Oberkörper und starrt auf den Schreibtisch vor sich. »Was mache ich nur?«

»Wollen Sie mir nicht sagen, was Sie möchten? Alleine werde ich das sicherlich nicht erraten können.«

»Mit dir rede ich nicht. Ich will mit einem Mann reden«, antwortet Herr Bastürk, ohne Frau Sommer anzusehen. ⊙

? Was meinen Sie, wie fühlt sich Herr Bastürk in diesem Moment? Welche Gefühle werden durch die Äußerung bei Ihnen ausgelöst? Was würden Sie antworten?

In einigen Gesellschaften sind Frauen vom öffentlichen Leben so gut wie ausgeschlossen. Menschen aus diesen Kulturen fällt es häufig schwer, sich an unser gleichberechtigtes Gesellschaftsmodell anzupassen.

Bewährte Strategien

- Sie können dem Kunden die Gepflogenheiten im Kundenkontakt ganz offen erläutern: »Ich kann nachvollziehen, dass Sie lieber mit einem Mann sprechen möchten. Allerdings sollten Sie versuchen, sich unseren Gegebenheiten anzupassen. Wir Sachbearbeiterinnen und Sachbearbeiter sind für bestimmte Buchstaben des Alphabets zuständig. Ich bin beispielsweise für alle Hilfeempfänger zuständig, deren Nachname mit »A« und »B« beginnt. Deshalb müssen Sie mit mir als Ansprechpartnerin auskommen. Ich bin gerne bereit, mir Ihr Anliegen jetzt anzuhören.« Geben Sie Ihrem Kunden anschließend kurz Zeit zum Überlegen und für eine Antwort.

  Informationen geben

  Entscheiden lassen

- Wenn dies möglich ist, kann es hilfreich sein, wenn ein männlicher Kollege diesen Einstieg in das Gespräch begleitet bzw. in Gang bringt und erläutert, nach welchen Kriterien die Kunden zugeteilt werden.

  Gast-Haltung

Konsequenzen
aufzeigen
und umsetzen

- Wenn der Kunde weiterhin nicht mit Ihnen sprechen will, erklären Sie ihm die Konsequenzen seines Verhaltens: »Sie haben jetzt die Möglichkeit, mir Ihr Anliegen zu erklären. Wenn Sie weiterhin nicht mit mir reden wollen, ist unser Gespräch beendet und ich möchte Sie bitten, mein Büro zu verlassen.«

Zusammenarbeit
im Team, S. 123

- Selbstverständlich haben Sie auch die Möglichkeit, auf die andere Kultur Rücksicht zu nehmen. Die Voraussetzung hierfür ist, dass Sie sich diesbezüglich im Team abgesprochen haben. Dann könnten Sie so reagieren: »Bitte warten Sie einen Moment draußen, bis mein Kollege frei ist. Sie können Ihr Anliegen dann mit ihm besprechen.«

»Ich habe Angst« – Klientinnen sind durch eine psychische Krankheit beeinträchtigt

BEISPIEL   »Wissen Sie, Herr Baumgartner, ich muss einfach umziehen. Der Hausmeister ist wirklich sehr unfreundlich zu mir«, sagt Frau Elsässer. Herr Baumgartner vom Sozialamt weiß zwar nicht so recht, was er von ihrer Geschichte halten soll, aber er schaut sie freundlich an und nickt auffordernd. »Er lässt immer die Tür vor mir zufallen. Er hat was gegen mich, ganz bestimmt.« »Vielleicht hat er Sie nur nicht gesehen?« Herr Baumgartner versucht, eine Erklärung zu finden. »Nein, nein, der gehört zu diesen Männern, die, die mich dazu bringen wollen, einen von ihnen zu heiraten.«

»Frau Elsässer, das klingt für mich aber jetzt nach einer wilden Geschichte. Darf ich Ihnen noch eine Frage stellen?« Herr Baumgartner weiß nun gar nicht mehr, was er von seiner Kundin halten soll. ⦿

? Wo liegen für Sie die Herausforderungen im Umgang mit psychisch kranken Menschen? Welche Gefühle lösen solche Begegnungen bei Ihnen aus?

Sind Ihnen alle psychisch kranken Menschen unangenehm? Jagen sie Ihnen vielleicht sogar Angst ein? Oder ärgert Sie etwas an ihrem Verhalten?

Psychische
Störungen, S. 124

In diesem Kapitel finden Sie einige allgemeine Verhaltensvorschläge für den Umgang mit Menschen, die an einer psychischen Störung leiden. Vertiefende Informationen zu einzelnen Erkrankungen haben wir weiter hinten im Buch untergebracht.

Generell wird eine psychische Krankheit vor allem über das erlebte Leid der betroffenen Person oder des Umfeldes definiert. Neben dem Leid der Betroffenen oder ihrer Angehörigen gibt es noch weitere allgemeine Beschreibungsmerkmale für psychische Störungen:

- Betroffene haben Einschränkungen in einem oder mehreren wichtigen Funktionsbereichen, z. B. bei ihrer Arbeitsfähigkeit oder sie haben massive Probleme mit der Familie und Freunden. Viele können kaum mehr ihren Alltag gestalten.
- Betroffene haben aufgrund der psychischen Beschwerden ein stark erhöhtes Risiko, Schmerz zu erleiden oder zu sterben, z. B. weil sie gefährliche Dinge tun oder sich schwer verletzen. Manchmal führen die Beschwerden dazu, dass betroffene Menschen sich z. B. aufgrund von Ängsten nicht frei bewegen können oder nicht entscheiden können, was sie tun wollen und was nicht, dass sie also einen großen Verlust an Freiheit erleiden.

Grundsätzlich verhalten sich Bürgerinnen und Klienten mit einer psychischen Erkrankung nicht anders als gesunde Menschen, höchstens langsamer. Sie reagieren in der Regel nur dann aggressiv oder gewalttätig, wenn sie sich angegriffen fühlen. Das muss in manchem Falle allerdings nichts mit der Realität zu tun haben in dem Sinne, dass Sie als Sachbearbeiterin Ihr Gegenüber bedrohen. Daher möchten wir zunächst mit einem Vorurteil aufräumen.

Gefährlichkeit psychisch kranker Menschen

»Die Erfahrung der Nähe des Wahnsinns verstärkt die Angst, den Kranken ähnlich zu werden, und führt zu einer zwanghaften Suche nach Zeichen der Unterscheidung, die so weit geht, zu wünschen, dass die Kranken Zeichen tragen ...« (JODELET, 1991)

Hartnäckig halten sich die Vorstellung und die damit verbundene Angst, psychisch kranke Menschen seien gefährlicher als andere. Das stimmt in dieser Pauschalität nicht. Richtig ist, dass es ein paar wenige psychische Erkrankungen gibt, deren Betroffene im Vergleich zur Normalbevölkerung ein leicht erhöhtes Risiko zur Gewalttätigkeit haben. Dazu gehören Menschen mit einer psychotischen Störung (S. 126), Menschen mit einem Drogen- oder Alkoholproblem (S. 132) und Menschen mit Antisozialer Persönlichkeitsstörung. Letztgenannte psychische Störung kommt extrem selten

Der größte Teil der von einer psychischen Krankheit betroffenen Menschen ist ungefährlich oder genauso gefährlich wie jeder andere Mensch ohne psychische Erkrankung.

vor. Wenn Sie wissen, dass Ihr Gegenüber eine solche Diagnose erhalten hat, empfehlen wir Ihnen die Sicherheitsmaßnahmen, die für den Umgang mit Gewaltverbrechern sinnvoll sind (S. 74 und ᒣ S. 109).

Bewährte Strategien

Prinzipiell haben psychisch kranke Menschen das Handicap, dass psychische Funktionen wie z. B. die Wahrnehmung, die Aufmerksamkeit, Konzentration, Gedächtnis, das Fühlen und viele weitere Denkprozesse nicht wie bei allen anderen Menschen funktionieren. Es ist möglich, dass ein Mensch vielerlei Einschränkungen auf verschiedenen Ebenen hat, genauso kann aber auch nur eine Funktion, beispielsweise die Gefühlswelt, beeinträchtigt sein. Dennoch gibt es einige Strategien, die man immer – unabhängig von der Art der Erkrankung – anwenden kann.

- Verhalten Sie sich noch respektvoller und wertschätzender, sprich: noch höflicher. Psychisch kranke Menschen leben aufgrund vieler Vorurteile und unbegründeter Ängste oft am Rande der Gesellschaft. Ablehnende Verhaltensweisen und Stigmatisierung sind einfach noch viel zu verbreitet.
- Sprechen Sie etwas langsamer und ruhiger. Bei einigen Betroffenen ist aus unterschiedlichen Gründen die Informationsverarbeitung gestört. Für diese Menschen ist es schwieriger, das, was Sie sagen und tun, richtig zu entschlüsseln und angemessen darauf zu reagieren.
- Sprechen Sie mit noch einfacherer Sprache. Verwenden Sie kurze, klare und möglichst eindeutige Sätze.
- Wenn Sie wissen, dass Menschen mit einer psychischen Erkrankung einen Termin bei Ihnen haben, schalten Sie vor dem Kontakt alle unnötigen Reize aus. Stellen Sie das Telefon auf lautlos, schließen Sie das Fenster, hängen Sie ein »Bitte nicht stören«-Schild an die Tür. Nicht benötigte Akten sollten vom Tisch verschwinden. Sie können auch in einen Besprechungsraum gehen. Das ist besonders bei psychotischen Störungen wichtig, weil die Reizverarbeitung bei Betroffenen häufig beeinträchtigt ist.

ᒣ
Psychotische
Störung, S. 126

- Achten Sie darauf, der Person jederzeit die Flucht zu ermöglichen. Stellen Sie sicher, dass sie einen freien Zugang zu den Türen hat. Manche Menschen mit einer psychischen Erkrankung leiden unter starken Angstgefühlen und neigen in der Folge möglicherweise zu aggressivem Verhalten. Eine Fluchtmöglichkeit löst das Problem in den meisten Fällen.

- Aus demselben Grund sollten Sie auch alle allgemeinen Sicherheitsregeln einhalten. (📖 S. 116)
- Wenn Ihnen bekannt ist, dass ein Klient unter einer Borderline-Persönlichkeitsstörung leidet, sollten Sie so eindeutig und ehrlich wie möglich in Ihrem Verhalten sein. Klare Grenzen und Transparenz Ihres Handelns sind bei diesen Kundinnen besonders wichtig.

📖
Borderline-
Persönlichkeits-
störung, S. 129

- Menschen mit psychischer Erkrankung sind besonders gefährdet für Suizidgedanken oder Selbstmordversuche. Lesen Sie ab S. 57, was Sie tun können, wenn Klienten Ihnen gegenüber Gedanken an einen Selbstmord äußern.
- Sie sollten keinesfalls die Verantwortung für das Verhalten von psychisch kranken Menschen übernehmen.
- Bei Menschen mit traumatischen Erfahrungen (📖 S. 131) wird es schwierig, wenn Betroffene in ihre schrecklichen Erinnerungen zurückfallen. Dann wird ihr Blick glasig und sie wirken als würden sie tagträumen. Ganz selten fangen sie auch an, zu schreien oder um sich zu schlagen, weil sie so in ihrer Erinnerung gefangen sind, dass sie sich verhalten, als würde es in diesem Moment noch einmal geschehen.

Menschen mit
traumatischen
Erfahrungen ver-
sinken manchmal in
ihren schrecklichen
Erinnerungen.
Sie können helfen,
dass sie zurück ins
»Hier und Jetzt«
finden.

Gefährlich sind diese Personen nicht, und Sie können ihnen aus der schrecklichen Erinnerung heraushelfen. Die Strategie, die Sie anwenden können, heißt »Hier und Jetzt«.

Sprechen Sie die Klienten laut mit ihrem Namen an: »Herr Adjani, schauen Sie mich an. Herr Adjani, schauen Sie mich bitte an. Sie sind hier sicher. Ich möchte, dass Sie auf meine Stimme achten. Bitte hören Sie mir genau zu und tun Sie, was ich sage. Herr Adjani, schauen Sie mich bitte an! Sie können mein Gesicht sehen und meine Stimme hören. Sie sind hier sicher.«

Wenn Klientinnen darauf noch nicht reagieren, sollten Sie versuchen, einen Blickkontakt herzustellen, und die Person dazu auffordern, Ihnen zu sagen, was sie sieht, hört, riecht oder schmeckt. Vielleicht können Sie einen Schluck Wasser anbieten oder haben ein Pfefferminzöl da, an dem der Klient riechen kann. Fragen Sie nach, was seine Hände und Füße spüren. Fragen Sie nach Geräuschen, Formen, Farben, Materialien und der Temperatur. Wenn die Person wieder reagiert, fragen Sie zum Abschluss nach Datum und Uhrzeit. Wenn Ihnen die Person Letzteres nennen kann, können Sie sicher sein, dass sie wieder »da« ist.

»Hicks« – Klienten nehmen illegale Drogen oder wirken alkoholisiert

BEISPIEL Frau Schmidt hat das Gespräch mit einem Klienten beendet und verabschiedet ihn an ihrer Bürotür. Da bemerkt sie im voll besetzten Gang Herrn Pflaume, der laut rülpsend aufsteht und zu der Frau neben ihm sagt: »Du wartest, jetzt bin ich dran!« Leicht schwankend geht er auf Frau Schmidt zu und begrüßt sie mit den Worten: »Ich warte schon eine geschlagene halbe Stunde. Jetzt wird's aber Zeit.« Ohne eine Antwort abzuwarten, stolpert er an ihr vorbei ins Büro. Dabei riecht er stark nach Alkohol und muss sich am Türrahmen abstützen, um die Kurve zu kriegen. ⊙

? Wie können Sie erkennen, ob Menschen unter Drogen- oder Alkoholeinfluss stehen? Sind Menschen unter Drogeneinfluss grundsätzlich gefährlich? Was sollten Sie im Gespräch mit alkoholisierten Personen beachten?

Bauchgefühl

Aggression und Gewalt rechtzeitig erkennen, S. 109

Die Entscheidung, ob Sie bei Anzeichen von Alkohol oder Drogen ein Kundengespräch führen, müssen Sie ganz bewusst treffen. Das Risiko einer Eskalation ist höher als im »nüchternen« Fall. Es kann schneller und heftiger zu Drohungen und Angriffen kommen. Auch wenn Klienten alkoholisiert sind, gibt es eindeutige Gewaltsignale, die Sie wahrnehmen können, die Sie beachten und auf die Sie sofort reagieren müssen. Eine vertiefende Darstellung zum Thema Alkohol und Drogen finden Sie ab 📖 Seite 131.

Bewährte Strategien

Informationen geben

Grenzen setzen

Konsequenzen aufzeigen und umsetzen

• Wenn Sie schon auf dem Flur ein Verhalten erkennen können, das auf den Einfluss von Alkohol hindeutet, noch bevor Kundinnen Ihr Büro betreten, sollten Sie sofort reagieren. Sprechen Sie das Verhalten an und auch, woran Sie Ihre Vermutung festmachen. Wenn Sie es nicht für sinnvoll halten, das Gespräch fortzusetzen, beenden Sie es sofort, noch bevor der Kunde im Büro ist. Damit er das Büro nicht betreten kann, sollte der Weg durch Ihre körperliche Präsenz in der Tür versperrt sein. »Guten Tag, Herr Pflaume. Es tut mir leid, dass Sie warten mussten. Ich sehe, dass Sie beim Gehen schwanken, Sie sprechen sehr laut und Sie riechen nach Alkohol. Sie machen auf mich einen alkoholisierten Eindruck. Es macht jetzt wenig Sinn, über Ihr Problem zu sprechen. Sie dürfen mich gleich morgen anrufen und wir vereinbaren ein neues Gespräch. Ich verspreche Ihnen, dass Sie schnell einen Termin bekommen.«

- Wenn Sie eine laute, ablehnende, aggressive Reaktion beim Kunden schon kennen oder befürchten, sollte die Information, dass das Gespräch jetzt nicht stattfinden wird, im Beisein eines Kollegen oder einer Kollegin gegeben werden, am besten schon außerhalb des Büros.

Sicherheit am Arbeitsplatz, S. 116

- Wenn Sie entscheiden, dass der Kontakt stattfinden kann, dann halten Sie genügend Abstand, pflegen Sie wenig Augenkontakt, bieten Sie eine Sitzgelegenheit an und setzen Sie sich ebenfalls. Ignorieren Sie eine distanzlose Anrede (»du«) oder gestische Grenzüberschreitungen, z. B. wenn Kunden mit der Faust auf den Tisch schlagen. Sprechen Sie in kurzen, einfachen Sätzen mit ruhiger und leiser Stimme. Versuchen Sie, Beschimpfungen zu ignorieren, und diskutieren Sie nicht.
- Setzen Sie Grenzen durch eine deutliche, klare und energische Sprache und Gestik.

Kommunikation, S. 93

- Wenn Ihnen die Person zu nahe kommt oder versucht, Sie anzufassen, weichen Sie aus, holen Sie Hilfe oder verlassen Sie das Büro.
- Alkoholisierte Personen können mitunter durch ein sehr laut und bestimmt ausgesprochenes »Stopp!« zum Innehalten gebracht werden, bevor eine Situation endgültig eskaliert. Das gibt Ihnen die Gelegenheit, den Raum zu verlassen.

Wenn alkoholisierte Kunden Sie anbrüllen oder bedrohen, lesen Sie weiter auf den Seiten 66 und 72.

»Dann bringe ich mich um« – Klienten drohen mit Suizid

BEISPIEL Frau Maier sitzt weinend vor Frau Schmidt. Nach einiger Zeit wird sie ganz still. Sie starrt auf den Tisch vor sich und flüstert kaum hörbar: »Das macht doch alles keinen Sinn mehr.« Frau Schmidt, die Sachbearbeiterin, ist verunsichert, so ganz einschätzen kann sie nicht, was Ihre Klientin damit meint. Frau Maier hebt langsam den Kopf, sie sieht verzweifelt aus: »Wenn ich das Geld nicht bekomme, sind Sie schuld, wenn ich mich umbringen muss.« ◉

? Wie würden Sie reagieren? Was denken Sie über Menschen, die sich das Leben nehmen? Können Sie sich vorstellen, selbst einmal an diesen Punkt zu kommen? Was glauben Sie, aus welchen Gründen wollen sich Menschen das Leben nehmen?

Menschen, die einen Suizid ankündigen, tun dies aus folgenden Gründen:

Psychische Störungen, S. 124

- Sie sind verzweifelt und sehen keine andere Möglichkeit mehr, sehen keinen Ausweg aus ihrer derzeitigen Lebenslage oder keine Chance, die Kontrolle über ihr Leben wiederzuerlangen. Sie fühlen sich völlig isoliert und sind hoffnungslos. Solch eine Verzweiflung ist nicht selten ein Symptom von psychischen Erkrankungen.
- Manche Menschen setzen Suizidankündigungen – bewusst oder unbewusst – als Druck- und Manipulationsmittel ein. Ziel ist, beim Gegenüber Schuldgefühle zu verursachen, die stark genug sind, um den anderen dazu zu bringen, einem zu geben, was man haben will.

Nehmen Sie jede Suiziddrohung ernst.

Etwa 70 Prozent aller Suizide werden in irgendeiner Form angekündigt. Somit ist klar, dass man jede ausgesprochene Drohung ernst nehmen sollte. Die Ansicht »Jemand, der von Suizid spricht, tut es nicht« ist falsch. Einerseits möchten wir Sie dazu auffordern, dass Sie jede Drohung ernst nehmen, andererseits sollten Sie sich in Ihrem eigenen Interesse davor hüten, die Verantwortung für das Handeln bzw. die Selbsttötungsabsicht von Klientinnen zu übernehmen. Diese Verantwortung trägt allein die Person, die sich umbringt.

Trotzdem gibt es ein paar feine Unterschiede, die wir Ihnen im Folgenden erläutern möchten:

Jemand, der so verzweifelt ist, dass ein Suizid als eine echte Möglichkeit erscheint, alles Leid zu beenden, fühlt sich völlig isoliert und allein. Personen in solch tiefer Verzweiflung haben das Gefühl, niemand interessiert sich für ihr Schicksal, niemand kann ihnen helfen und Lösungen gibt es längst nicht mehr. Es ist nur möglich, jemandem in diesem Zustand über die Krise hinwegzuhelfen, wenn es gelingt, Kontakt herzustellen. Das macht erforderlich, dass man als Mensch ganz präsent ist, sich dem Leid des anderen ein gutes Stück öffnet und ernsthaft verstehen möchte, was den anderen in diese aussichtslose Lage gebracht hat. Sie können versuchen, sich Ihren Klientinnen und Kunden auf diese Weise zu nähern, sollten sich aber unbedingt Hilfe holen bzw. Psychiaterinnen, Notärzte oder die Polizei hinzuziehen.

Wenn Sie den Eindruck haben, dass Ihr Gegenüber die Suiziddrohung vor allem als Druckmittel einsetzt, dann ist es wichtig, dass Sie Grenzen setzen bzw. die Verantwortung für sein Leben ablehnen. Ein Hinweis darauf, dass es sich bei der Suizidankündigung um ein Druckmittel handeln könnte, ist eine Formulierung in dieser Art: »Wenn nicht ..., dann bringe ich mich um.« Achten Sie auf Ihr Gefühl! Fühlen Sie sich unter Druck gesetzt oder bedroht? Dann könnte es durchaus sein, dass es sich um einen Manipulationsversuch handelt. Gleichzeitig sind Menschen, die zu diesem Mittel greifen, ebenfalls verzweifelt und hilflos, auch wenn möglicherweise keine aktuelle Selbsttötungsabsicht hinter der Aussage steht.

Bauchgefühl

Bewährte Strategien

- Lassen Sie sich schildern, was zu der ausweglosen Situation geführt hat. Was genau macht die Situation so unerträglich? Wenn es Ihnen gelingt, wirklich nachzuvollziehen, was das Leben für Ihr Gegenüber bedeutet, können Sie ihm das Gefühl geben, dass ihn jemand versteht. Damit ist er nicht mehr ganz allein.
- Wenn es um den Verlust eines geliebten Menschen durch Tod oder Trennung geht, kann es hilfreich sein, danach zu fragen, was diesen einzigartig für den Betroffenen macht. Was genau hat er oder sie verloren?
- Lassen Sie Ihrem Gegenüber die Möglichkeit des Suizids. Momentan erscheint sie als der einzige Ausweg, das Einzige, was der Person ein Gefühl von Kontrolle gibt: »Ich respektiere Ihre Entscheidung und kann sowieso nicht verhindern, wenn Sie sie in die Tat umsetzen. Wenn Sie sich wirklich umbringen wollen, können Sie das jederzeit tun. Auch wenn Sie jetzt in eine Klinik gehen. Sie werden immer einen Weg finden. Ich würde gerne verstehen, was Sie an diesen Punkt in Ihrem Leben gebracht hat. Was ist passiert?«
- Versuchen Sie, die Entscheidung hinauszuzögern: »Sie können sich jederzeit umbringen, aber vielleicht begegnet Ihnen morgen in der Klinik oder sonst wo die Person, die Ihnen weiterhelfen kann. Sie können das jeden Tag aufs Neue entscheiden. Wenn Sie sich umbringen wollen, kann Sie niemand davon abhalten.«
- Wahren Sie Abstand, auch wenn Klientinnen sich vor Ihren Augen etwas antun wollen: »Ich werde nicht näher kommen. Es ist Ihr Leben und Ihre Entscheidung, das respektiere ich. Aber vielleicht können wir uns zuerst noch etwas unterhalten. Ich möchte gerne verstehen ...«

Gast-Haltung

Entscheiden lassen

Bei unmittelbarer
Gefahr: Rufen Sie
die Polizei.

- Im Falle unmittelbarer Gefahr sollten Sie die Polizei alarmieren. Sie hat das Recht, jemanden unter Zwang einem Arzt vorzustellen, der dann darüber entscheidet, ob die Person eine Gefährdung für sich selbst oder andere ist. Solch eine Einschätzung erlaubt es dann, jemanden zum Schutz zwangsweise in eine psychiatrische Klinik einzuweisen. Allerdings ist die Freiheit ein hohes Gut in unserer Gesellschaft. Letztlich entscheidet ein Richter darüber, ob eine Person längerfristig in einer Klinik bleiben muss oder nicht.

Informationen geben

Grenzen setzen

- »Ich kann nachvollziehen, dass Sie sich hoffnungslos fühlen. Ich bin jedoch nicht dafür verantwortlich, wenn Sie sich das Leben nehmen. Das ist allein Ihre Entscheidung. Wir können aber gemeinsam nach einer Möglichkeit suchen, wie Sie Unterstützung bekommen können.«

Kommunikation,
S. 93

- »Ich kann nachvollziehen, dass Sie sich in einer fast ausweglosen Situation befinden. Ich würde Ihnen gerne zeigen, was ich für Sie tun kann. Außerdem fände ich gut, wenn Sie noch zusätzliche Unterstützung in Anspruch nehmen würden, z.B. zu einer Beratungsstelle oder einer Psychotherapeutin gehen. Die nehmen sich Zeit für Sie und haben andere Möglichkeiten, Sie zu unterstützen, als ich. Ich kann Folgendes für Sie tun ...«

- Sie haben Ihr eigenes Aufgabengebiet. Unterstützung, die darüber hinausgeht, können Sie lediglich vermitteln: »Ich sehe, wie schwierig die Situation im Moment für Sie ist. Und wenn Sie sich das Leben nehmen wollen, kann ich das doch gar nicht verhindern. Das liegt ganz allein in Ihrer Verantwortung. Ich kann Folgendes für Sie tun ...«

»Sie sind schuld, wenn ich klauen gehen muss« – Klientinnen geben mir die Schuld für ihre Situation

BEISPIEL   Frau Hildebrandt sitzt mit Tränen in den Augen vor ihrem Sachbearbeiter, Herrn Bär: »Aber wie soll ich denn mit so wenig klarkommen?« Herr Bär schiebt ihr den Ausdruck mit der Berechnung des Unterhalts über den Tisch: »Schauen Sie, so setzt sich der Betrag zusammen. Wir haben das besprochen.« »Meine Kinder haben schon nichts Anständiges mehr anzuziehen und zu essen gibt es auch immer das Gleiche.« Ihre Stimme klingt brüchig.

»Sie wissen, dass Sie bei der Tafel für sehr wenig Geld ausreichend und abwechslungsreiche Verpflegung bekommen können.« Frau Hildebrandt presst die Lippen aufeinander: »Sie sind schuld, wenn ich klauen gehen muss«, stößt sie schließlich hervor. ◉

? Kennen Sie Kundinnen wie Frau Hildebrandt? Wie fühlen Sie sich nach so einem Gespräch? Wie reagieren Sie auf Schuldzuweisungen? Wie gehen Kolleginnen damit um?

Wenn Sie sich bei solchen Äußerungen schuldig fühlen, wenn Sie Mitleid mit Ihren Kundinnen haben, dürfte Ihnen der Wert »Hilfsbereitschaft« sehr wichtig sein. Gleichzeitig hat dann Frau Hildebrandt ihr Ziel erreicht. Menschen, die nicht bereit sind, Verantwortung für das eigene Leben zu übernehmen, neigen dazu, Schuld auf andere abzuwälzen. Es handelt sich um den Versuch, Sie zu manipulieren.

Bewährte Strategien

- Weisen Sie die Verantwortung klar zurück und versuchen Sie, auf eine sachliche Ebene zurückzukommen: »Frau Hildebrandt, ich kann nachvollziehen, dass Ihnen der Betrag zu wenig erscheint und Sie Sorge haben, wie Sie damit auskommen sollen. Ob Sie einen Diebstahl begehen, sich einen Job suchen oder mit dem Geld auskommen, das ist und bleibt Ihre Entscheidung, nicht meine.«

  »Vom Gefühl zur Sache«, S. 96

  Grenzen setzen

- Auch wenn Sie nicht der verlängerte Arm der Polizei sind, kann es hilfreich sein, wenn Sie Kunden deutlich auf mögliche Konsequenzen ihres Verhaltens hinweisen: »Das stimmt so nicht, Frau Hildebrandt. Es ist nicht meine, sondern Ihre Verantwortung. Wenn Sie erwischt werden, müssen Sie dafür geradestehen, nicht ich. Aber lassen Sie uns noch einmal überlegen, welche Möglichkeiten Sie haben, um mit dem Betrag auszukommen.«

  Konsequenzen aufzeigen

- Wenn möglich, können Sie gangbare Alternativen aufzeigen: Tafel, Wohlfahrtsverbände, Kleiderkammer, Schuldnerberatung, Sozialpsychiatrischer Dienst, ...
- Es ist professioneller Größenwahn, wenn Sie für das gesamte Wohl oder Leid Ihrer Kunden Verantwortung übernehmen. Dabei besteht die Gefahr, dass Sie ausbrennen und krank werden.

»Demnächst bekomme ich 'nen Herzinfarkt« – Klienten stressen mich

BEISPIEL   Frau Meyer sitzt in ihrem Büro, vor sich einen riesigen Berg Arbeit. Heute ist wieder so ein Tag, ihre Gedanken rasen: »Sechs Kunden, darunter der Hoss und die Pitscher. Der Chef will die Stellungnahme zu der Beschwerde von Frau Eisenhut. Michi und Steffi wollen mit mir Mittag essen gehen, um 13 Uhr ist Teambesprechung und anschließend noch Personalgespräch. Sabine hat vorhin angerufen, sie ist krank, ob ich ihre Termine für den Rest der Woche absagen oder übernehmen kann.«

Frau Meyer fühlt ihr Herz pochen. Sie schnappt nach Luft, steht auf und öffnet das Fenster. Die frische Luft tut gut. »Wie soll ich das alles schaffen, wo soll ich nur anfangen?« ⊙

? Kennen Sie das: Jeder will etwas von Ihnen, Sie haben das Gefühl, viel zu viel stürmt auf einmal auf Sie ein? Sie versuchen, alles unter einen Hut zu bekommen, und merken gleichzeitig, dass es nicht zu schaffen ist. Was tun Sie in solchen Momenten? Was hilft Ihnen dann?

Stress findet in unserem Kopf statt.
Selten sind es ausschließlich Ihre Kunden.
Ob eine Situation bei uns Stress auslöst, hängt wesentlich davon ab, wie wir diese Situation bewerten. Ob wir sie als bedrohlich empfinden, ob es uns wichtig ist, allen Anforderungen zu entsprechen, oder ob wir auch einmal Dinge liegen lassen und fünf gerade sein lassen können.

Belastet uns eine Situation, lässt sie unseren Puls höher schlagen, dann gibt es grundsätzlich zwei Strategien, mit dem Druck umzugehen. Wir können die Situation im Innen oder Außen verändern, d. h., wir nehmen den Kampf auf, oder wir können die Situation verlassen, also flüchten. Die Wendung »Verändere es, liebe es oder verlasse es!« beschreibt das kurz und prägnant.

> »Verändere es, liebe es, oder verlasse es!«

Die Situation im Außen zu verändern bedeutet, dass wir wissen, welche Handlungsmöglichkeiten wir haben. Hier spielen Ausbildung, Weiterbildung und Erfahrung entscheidende Rollen: Je mehr wir wissen, je mehr Erfahrung wir in einem Bereich haben, desto leichter wird es uns fallen, neue Lösungen für Probleme zu finden. In diesem Sinne finden Sie im Buch viele verschiedene Handlungsmöglichkeiten für unterschiedliche Situationen. Vielleicht werden Sie zukünftig in schwierigen Situationen anders reagieren. Seminare und Fortbildungen sind ebenfalls eine Möglichkeit, Situationen so zu verändern, dass Sie besser damit umgehen können und weniger Stress empfinden.

Eine Situation, die sich nicht verändern lässt, können wir dennoch lieben lernen. Das bedeutet, dass wir unsere Einstellung zur Situation überdenken und verändern müssen. Hier spielen Erwartungen und Werte eine entscheidende Rolle, sie sollten reflektiert werden (siehe Werte und Erwartungen, S. 17).

Wenn beides nicht gelingt, wenn Sie weder die Situation so gestalten können, dass Sie gut zurechtkommen, noch Ihre Einstellung ändern können, dann sollten Sie um Ihrer Gesundheit willen die Flucht ergreifen. Auch wenn das bedeutet, dass Sie sich eine andere Arbeit suchen müssen. Das meinen wir ernst. Die gesundheitlichen Folgen eines ungeliebten Arbeitsplatzes, der einen ständig unter Druck setzt und bisweilen ängstigt, können verheerend sein. Angefangen von schlechter Laune, die sich ins Privatleben überträgt, über Burn-out, Depressionen oder eine innere Kündigung bis hin zu körperlichen Erkrankungen, die mit Stress in Zusammenhang stehen: häufige Erkältungen, Kopfschmerzen, Bandscheibenprobleme, Magengeschwüre, Hautausschläge, Herzinfarkt, Schlaganfall, Krebs usw. Ist Ihnen das die Arbeit und das Geld wert?

Stress hat durchaus eine wichtige Funktion, er soll unser Überleben sichern. Situationen, in denen wir Stress erleben und die nicht unser unmittelbares Überleben gefährden, sind demnach etwas, das wir verändern können, gerade weil der Stress in unserem Kopf stattfindet. Wenn Sie wissen möchten, was genau bei einer Stressreaktion passiert, können Sie dies ab Seite 90 nachlesen.

📖
Stress – warum kann ich nicht gelassen bleiben?, S. 90

Auch wenn Sie Ihre Arbeit gerne machen, wird es selbstverständlich immer mal vorkommen, dass eine Situation dabei ist, die Ihren Puls und die Gefühle höher schlagen lässt. Für diese Fälle haben wir gemeinsam mit unseren Seminarteilnehmern einige Vorschläge gesammelt.

Bewährte Strategien

Prinzipiell ist es gut, wenn Sie die eigene Einstellung zur Arbeit in regelmäßigen Abständen neu überdenken: Wie wichtig ist mir meine Arbeit? Worüber definiere ich mich? Was sind für mich die wirklich wichtigen Dinge im Leben? Welche Werte sind mir wichtig, privat und im Beruf? Welche Erwartungen habe ich an mich

👉
Reflektieren Sie regelmäßig Ihre Einstellung zur Arbeit.

und welche an meinen Arbeitsplatz, an die Kollegen und an meine Vorgesetzten? Werden diese Erwartungen erfüllt? Wie gehe ich mit Enttäuschungen um?

Gibt es an einem Punkt Spannungen oder wenn Sie merken, Sie fühlen sich nicht wohl, ist es gut, so früh wie möglich etwas zu verändern, anstatt die Spannung zu »schlucken«.

Genau wie Ihre Einstellung zur Arbeit sollten Sie immer wieder prüfen, ob Sie genügend professionellen Abstand zur Arbeit wahren können. Ist Ihnen immer klar, dass all Ihre Kundinnen und Klienten für sich selbst verantwortlich sind, dass schlimme Dinge passieren und man sie nicht verhindern kann? Können Sie Ihre Arbeit im Büro lassen? Wenn nicht, dann gehören Sie wahrscheinlich zu den Menschen, die sich vieles sehr zu Herzen nehmen und sich für alles verantwortlich fühlen. Es ist wichtig, sich davon zu distanzieren.

Es gibt kleine Rituale, die Ihre Kolleginnen und Kollegen einsetzen, um die professionelle Distanz jeden Tag wieder aufs Neue herzustellen: Einige holen ihre Kunden an der Tür ab und bringen sie am Ende wieder dorthin, verabschieden sie und stellen sich vor, die Person nimmt ihre Lebensgeschichte wieder mit. Andere schließen abends ganz bewusst die Akten ein oder ihren Schrank ab. Auch das Absperren des Büros oder das Schließen der Eingangstür Ihrer Behörde oder Ihres Amtes zum Feierabend kann solch ein Ritual sein. Machen Sie sich den Abstand zwischen Ihrem Arbeitsplatz und Ihrer Wohnung klar. Wie viele Kilometer liegen dazwischen? Wie viel Zeit benötigen Sie für den Heimweg? Manche finden es hilfreich, wenn sie zu Hause zuerst die Kleidung wechseln, duschen oder zumindest die Hände waschen. All das kann Ihnen helfen, jenen Abstand herzustellen, der notwendig ist, um Ihren Job langfristig gut zu machen.

☞
Sorgen Sie durch kleine Rituale für Distanz zu Ihrer Arbeit.

Vor der Situation: Stress vorbeugen

● Sorgen Sie für ausreichend Schlaf.
● Versuchen Sie, die eigene Stimmung positiv zu beeinflussen, z. B. indem Sie vor dem Spiegel stehen und sich so lange anschauen, bis Sie lachen müssen, oder indem Sie auf dem Weg zur Arbeit »Gute-Laune-Musik« hören. Wie lacht man? Mundwinkel nach oben!
● Bereiten Sie Kundenkontakte so gut wie möglich vor: Lesen Sie die Akte, legen Sie sich eine Argumentation zurecht, halten Sie notwendiges Material vorrätig.

📖
Mentales Training, S. 84

- Räumen Sie alle gefährlichen Gegenstände weg.
- Wenn notwendig, informieren Sie Kolleginnen über den bevorstehenden Besuch einer schwierigen Klientin.
- Wenden Sie eine Atemtechnik oder Entspannungsverfahren an.
- Besuchen Sie Fortbildungen vor allem mit dem Ziel, sich selbst besser kennenzulernen, sich abzugrenzen, Kommunikation zu üben. Besuchen Sie fachliche Weiterbildungen und lernen Sie Zeitmanagement.

Sicherheit am
Arbeitsplatz, S. 116

In der Situation: Stress kontrollieren

- Tief ausatmen.
- Unterbrechen Sie einen anstrengenden Kundenkontakt, z. B. indem Sie Kunden vor die Tür bitten, um etwas kopieren zu können oder mit dem Kollegen Rücksprache zu halten.
- Sprechen Sie sich selbst Mut zu: »Du schaffst das, du bist kompetent, das hast du schon öfter hinbekommen.«
- Lenken Sie Ihren Blick auf Angenehmes, z. B. eine Urlaubspostkarte oder einen Smiley.
- Stellen Sie sich Ihr schwieriges Gegenüber in Unterhosen vor, dadurch wirkt die Person weniger bedrohlich.
- Unterbrechen Sie innerlich die Situation, indem Sie bis zehn zählen.
- Schweigen Sie einen Moment, um nachzudenken.
- Lassen Sie frische Luft durchs Fenster herein.
- Aktivieren Sie Ihren Humor, aber Achtung: Der andere kann sich nicht ernst genommen fühlen. Dann eskaliert es weiter.

Nach der Situation: Stress abbauen

- Greifen Sie auf eine Atemtechnik zurück.
- Sich bei einer Kollegin, Freundin, dem Partner »auskotzen« zu können, schafft häufig Erleichterung. Vorsicht, lästern Sie nur hinter verschlossenen Türen!
- Verschaffen Sie sich Bewegung, um die Energie abzubauen, z. B. Treppen steigen, einmal um den Block gehen, die Toilette im anderen Stockwerk benutzen.
- Machen Sie am Abend Sport in jeglicher Form, gehen Sie spazieren oder mit dem Hund raus, auch Sex entspannt.
- Nehmen Sie ausreichend Flüssigkeit zu sich. Am besten ist kühles Wasser. Vermeiden Sie Kaffee, Cola oder schwarzen Tee. Diese Getränke können die Stressreaktion verlängern.

- Süßigkeiten oder Knabbereien wirken manchmal auch beruhigend, ebenso die Zigarette für alle Raucher. Tun Sie sich etwas Gutes: Shopping, Sport im Fernsehen schauen, Musik hören oder musizieren, tanzen, Freunde treffen, Kino etc. Sie wissen selbst, was Ihnen am besten gefällt.

Klienten brüllen mich an

BEISPIEL Frau Jehle wirft einen Blick in die Akte und teilt Herrn Köhler mit, dass sein Antrag abgelehnt wurde. Herr Köhler kneift die Augen zusammen, sein Kopf wird plötzlich rot und an seinen Mundwinkeln bilden sich Speichelbläschen. Er wird mit jedem Wort lauter und lauter: »Was ist denn das für eine Scheiße hier? Ich habe Ihnen alle Unterlagen gebracht, Sie sind unfähig, ich will mich sofort über Sie beschweren! Das ist unmöglich, ändern Sie das sofort, wo sind wir denn hier? ...« ⊙

? Welche Möglichkeit hat Frau Jehle, den tobenden Kunden zu beruhigen? Was kann sie tun, wenn der Kunde ins Telefon brüllt?

Bewährte Strategien

Grenzen setzen

Konsequenzen aufzeigen und umsetzen

- Wenn es sich um ein Telefongespräch handelt und der Anrufer sich nicht beruhigen lässt, kündigen Sie an, dass Sie auflegen werden: »Herr Köhler, so können wir uns nicht weiter unterhalten. Ich sehe das Gespräch als beendet an und werde jetzt auflegen.« Hat auch das keinen Effekt, legen Sie auf.
- Sollte der Anrufer direkt zurückrufen und weiterschreien, legen Sie sofort wieder auf oder legen den Hörer beiseite, bis er still wird. Dann sagen Sie: »Herr Köhler, ich möchte nicht angeschrien werden und deswegen ist das Gespräch für mich beendet.«

Informationen geben

Entscheiden lassen

- Wenn Ihr Kunde das erste Mal so reagiert, können Sie ihn über die Spielregeln informieren: »Wir gehen hier respektvoll und höflich miteinander um. Bitte rufen Sie morgen noch einmal an, damit wir Ihr Anliegen besprechen können. Einverstanden?« Dann verabschieden Sie sich und legen auf.

Aggressive Menschen immer beobachten.

- Befindet sich Ihr brüllender Kunde in einem Raum mit Ihnen, hat es sich bewährt, den anderen schreien zu lassen und ihm nichts entgegenzusetzen außer ruhiger Aufmerksamkeit. So lange, bis er oder sie fertig ist. Das bedeutet, ihm ruhig in die Augen zu sehen und damit zu signalisieren, dass Sie ihn wahrnehmen, sich aber nicht provozieren lassen. Das ist auch für Ihre Sicherheit wichtig. Eine wütende oder aufgebrachte Person sollten Sie immer im Blick behalten! Unterschätzen Sie diese Technik nicht. Es ist schwer, diesem aggressiven Akt des Anschreiens nichts entgegenzusetzen – so lange, bis wieder Ruhe ist. Viele Menschen können das nur sehr schwer aushalten. Machen Sie sich allerdings klar, dass Sie diese Grenzüberschreitung, diesen Angriff wieder zurechtrücken, sobald der andere wieder in der Lage ist, zuzuhören.

- Jemand, der tobt und brüllt, erlebt extremen Stress und kann im Grunde keine Informationen aufnehmen. Deswegen macht es keinen Sinn, ruhig auf ihn einzusprechen oder etwas zu erklären, solange die Person brüllt.

Stress, S. 90

- Wenn Ihr Gegenüber sich einigermaßen beruhigt hat, sagen Sie: »Herr Köhler, ich möchte nicht von Ihnen angebrüllt werden. Ich schreie Sie auch nicht an. Unter diesen Bedingungen beende ich das Gespräch jetzt. Ich gebe Ihnen einen neuen Termin. Dann fangen wir noch mal von vorne an, in Ruhe, und ich helfe Ihnen gerne, so gut es geht, weiter.«

- Manchmal kann es hilfreich sein, etwas Unerwartetes zu tun und den aufgebrachten Menschen dadurch aus dem Konzept zu bringen. Ein einmaliges lautes »Ruhe!« von Ihrer Seite, das laute Auf-den-Schreibtisch-Klatschen von Akten oder das Fenster zu öffnen, sodass man sein Geschrei draußen hören kann, kann für Überraschung und manchmal für ein Innehalten sorgen. Wenden Sie dabei aber niemals den Blick ab, beobachten Sie den Schreihals ununterbrochen.

»Du blöde Kuh!« – Klientinnen beleidigen mich

BEISPIEL »Paragrafenreiter, blöde Kuh, Penner, Blondie, Arschloch, Hure, F..., du gehörst mal wieder richtig durchgef..., sind doch alles Nazis hier, ...« Die Liste der Beschimpfungen, die ich mir hier anhören muss, ist ja beinahe unendlich«, denkt Frau Sauter, als ihre Kundin die Anträge zerknüllt und sie schon zum dritten Mal als »blöde Kuh« bezeichnet. »Nicht mal jemand wie Frau Bender hat sich im Griff«, sinniert sie weiter und betrachtet die teure Kleidung der Kundin.

Sie versucht es doch noch einmal mit Vernunft: »Es tut mir leid. Aber diese Veranstaltung kann ich so nicht genehmigen. Das liegt an ...« Weiter kommt Frau Sauter auch diesmal nicht. »Dir haben sie echt ins Hirn geschissen und vergessen umzurühren.« »Kann ich sonst noch was für Sie tun, Frau Bender?« ⊙

? Muss Frau Sauter sich die Beschimpfungen gefallen lassen? Wenn ja, wie lange oder wie viele? Wie kann sie reagieren, wenn sie nicht beleidigt werden will? Gibt es Vorgaben von Vorgesetztenseite für solche Situationen?

Die Beleidigung finden Sie unter § 185 im Strafgesetzbuch (StGB). Eine Beleidigung wird mit einer Freiheitsstrafe bis zu einem Jahr oder mit Geldstrafe geahndet. Wenn die Beleidigung mittels einer Tätlichkeit begangen wird, können es zwei Jahre Freiheitsstrafe werden. Eine Beleidigung ist eine Kränkung der Ehre durch Worte (wie im Beispiel), Schrift (Briefe, SMS, Graffiti), Bilder (Gemälde, Fotos), Handbewegungen oder Gesten (Stinkefinger, einen Vogel zeigen, mit der flachen Hand vor dem Gesicht auf und ab fahren). Eine Beleidigung kann den sozialen Wert eines Menschen oder auch seine Würde verletzen. Es können sowohl Einzelpersonen als auch Personengruppen beleidigt werden. Die Beleidigung mittels einer Tätlichkeit ist möglich durch Anspucken, eine Ohrfeige, Anpinkeln etc. Sie erfordert in jedem Fall eine unmittelbare körperliche Einwirkung auf den anderen, aus der sich die ehrverletzende Wirkung ergibt.
Beleidigungen können strafrechtlich nur verfolgt werden, wenn der Verletzte anzeigt und einen Strafantrag stellt. Dieser Strafantrag ist Prozessvoraussetzung.

Bewährte Strategien

Authentisch sein

Sie entscheiden, ab wann Sie sich beleidigt fühlen.

● Zu jeder Beleidigung gehören zwei. Sie entscheiden, ab wann Sie sich beleidigt fühlen und etwas dagegen unternehmen. Gibt es eine Vereinbarung in der Behörde? Wenn nicht, sollten Sie einmal in größerer Runde besprechen, wie Sie damit umgehen, wann für Sie das Maß voll ist und Sie Kundinnen anzeigen. Eine einheitliche Linie, die von Vorgesetzten unterstützt wird, ist hilfreich, denn hier geht es auch um Außenwirkung. »Die kann man alles nennen und es passiert nichts, ist super zum Abreagieren«, wäre wahrscheinlich nicht gerade ein Satz, den Sie gerne über Ihre Behörde hören.

- Wenn Sie sich beleidigt fühlen, ist es wichtig, das sofort zu sagen. Sie können dafür die Strategie »Vom Gefühl zur Sache« (📖 S. 96) einsetzen: »Ich kann nachvollziehen, dass Sie unzufrieden sind, trotzdem möchte ich nicht, dass Sie so mit mir reden. Ich behandle Sie ja auch höflich.«

Grenzen setzen

- Wenn weitere Beleidigungen folgen, sollten Sie nachdrücklicher werden: »Sie hören jetzt sofort auf, oder ich beende das Gespräch.«

Konsequenzen aufzeigen und umsetzen

- Die Beschimpfung geht weiter? Sie stehen auf, gehen zur Tür, öffnen sie und weisen die aggressive Kundin hinaus (📖 Stimmige Botschaften senden, S. 100). Selbst dann können Sie ihr noch eine Perspektive mit auf den Weg geben: »Frau Bender, ich möchte, dass Sie mein Büro sofort verlassen. Rufen Sie morgen an und dann vereinbaren wir einen neuen Termin.«

Informationen geben

- Sollten all diese Strategien nicht dazu führen, dass die Beschimpfungen aufhören, kommen Sie nur so weiter: »Frau Bender, es ist genug. Ich werde Sie wegen Beleidigung anzeigen. Und jetzt gehen Sie bitte, sonst hole ich die Polizei.«
- Werden Sie am Telefon beleidigt, kündigen Sie das Ende des Gesprächs entsprechend an und legen dann auf: »Frau Bender, wenn Sie nicht sofort mit den Beleidigungen aufhören, lege ich auf.« Kommt dann noch ein beleidigender Pieps, legen Sie auf.

»Ich bleibe aber hier!« – Klienten weigern sich zu gehen

BEISPIEL »Herr Schütte«, sagt Frau Gabriel freundlich, »es tut mir leid. Aber wir haben Ihren Fall im Team besprochen und es gibt leider keine Möglichkeit, Ihren Antrag zu gewähren. Sie werden umziehen müssen.« Herr Schütte schaut sie ungläubig an und verschränkt die Arme vor der Brust. »Das ist inakzeptabel«, brummt er.
»Seien Sie vernünftig, Herr Schütte. Wir haben alles versucht. Es ist mir klar, dass das nicht einfach für Sie ist. Aber drei Zimmer für eine einzelne Person sind einfach zu viel. Das müssen Sie doch verstehen.«
»Ich wohne jetzt seit 15 Jahren dort. Ich kann nicht umziehen.«
»Wie gesagt, Herr Schütte, es tut mir leid, aber es gibt keine andere Möglichkeit. Sie hatten drei Monate Zeit, sich für die Wohnung zu

entscheiden, die wir Ihnen angeboten haben. Ich gebe Ihnen jetzt noch einmal eine Woche Zeit. Ansonsten werden wir eine Räumungsklage veranlassen. Überlegen Sie es sich.« Frau Gabriel steht auf: »Ich denke, wir haben nichts mehr zu besprechen. Ich möchte Sie bitten zu gehen. Draußen wartet schon der Nächste.« Frau Gabriel geht zur Tür und öffnet sie. »Ich gehe hier nicht weg«, sagt Herr Schütte und wie zur Bestätigung kreuzt er seine Arme noch fester vor seiner Brust. ⊙

? Was war gut an Frau Gabriels Reaktion? Was hätte sie anders machen können? Welche Möglichkeiten bleiben Frau Gabriel noch?

> Unter § 123 StGB findet sich der Hausfriedensbruch. Der Paragraf besagt im ersten Absatz:
> Wer in die Wohnung, in die Geschäftsräume oder in das befriedete Besitztum eines anderen oder in abgeschlossene Räume, welche zum öffentlichen Dienst oder Verkehr bestimmt sind, widerrechtlich eindringt, oder wer, wenn er ohne Befugnis darin verweilt, auf die Aufforderung des Berechtigten sich nicht entfernt, wird mit Freiheitsstrafe bis zu einem Jahr oder mit Geldstrafe bestraft.

Für Ihre Arbeit bedeutet dieser Paragraf, dass Sie als Mitarbeiterin in Ihrer Behörde grundsätzlich das Hausrecht haben. Klären Sie ab, wie das in Ihrer Einrichtung gehandhabt wird. Das Hausrecht und der Hausfriedensbruch erlauben es Ihnen, Personen, die sich weigern zu gehen, sowohl von der Polizei entfernen zu lassen als auch anzuzeigen. Um eine Strafverfolgung zu erwirken, muss ein Strafantrag gestellt werden. Wer den Antrag in Ihrer Behörde stellen muss, ob Sie das selbst tun können oder ob es Aufgabe von Vorgesetzten ist, das sollten Sie wissen.

Bewährte Strategien

● Unser Kunde im Beispiel, Herr Schütte, beherrscht es, eindeutige, stimmige nonverbale und verbale Botschaften zu senden (siehe ⌂ S. 100). Sein gesamtes Verhalten sagt deutlich: »Ich bleibe hier, ich gehe nicht.« Es liegt nun in Ihrem Ermessen, Ihre Aufforderung noch einmal zu wiederholen oder eine andere Strategie zu wählen. Wenn Sie ihn erneut zum Gehen auffordern, könnten Sie dies versuchen, indem Sie »vom Gefühl zur Sache« kommen (⌂ S. 96):

»Ich kann nachvollziehen, dass es für Sie nach 15 Jahren schwer ist, die Wohnung aufzugeben. Ich habe Ihnen die Gründe hierfür ausführlich erklärt und auch, was als Nächstes passiert, wenn Sie nicht ausziehen. Es gibt nichts hinzuzufügen. Unser Gespräch ist jetzt beendet. Wenn Sie mein Büro nicht augenblicklich verlassen, werde ich Herrn Paul, den Referatsleiter (oder einen anderen Kollegen), dazu holen.« Achten Sie darauf, dass Ihr Kunde Sie während der Aufforderung ansieht. Ihre Stimme sollte, verglichen mit der vorherigen Aufforderung, etwas lauter sein. Sie sollten die Tür noch weiter öffnen und mit der Hand in Richtung Ausgang zeigen

Grenzen setzen

Konsequenzen aufzeigen

- Bleibt der Kunde weiter sitzen und geht nicht, ist der nächste Schritt, Ihre »angedrohte« Konsequenz, den Referatsleiter oder einen Kollegen zu holen, umzusetzen. Sie dürfen sich von Ihrem Kunden in kein weiteres Gespräch verwickeln lassen. Der Kunde muss einen stimmigen Eindruck von Ihnen haben. Er hat die Wahl zu gehen oder Sie holen sich Unterstützung.

Konsequenzen umsetzen

Entscheiden lassen

- Lässt sich der Kunde mithilfe des Kollegen nicht zum Gehen bewegen, sollten Sie noch einen Schritt weitergehen: »Ich möchte Sie nochmals auffordern, unser Büro und das Rathaus zu verlassen. Ansonsten begehen Sie einen Hausfriedensbruch. Ich werde die Polizei verständigen und eine Anzeige gegen Sie erstatten. Wenn Sie jetzt unverzüglich gehen, werde ich keine Anzeige erstatten!« Geben Sie dem Kunden nochmals die Möglichkeit, ohne Konsequenz das Büro zu verlassen. Er hat die Wahl, es ist seine Freiheit zu entscheiden, ob die Situation ohne oder mit Anzeige geklärt wird.

Konsequenzen aufzeigen und umsetzen

Entscheiden lassen

- Sollten Sie auch mit der Ankündigung einer Anzeige keine erwünschte Reaktion erzielen, muss die Polizei verständigt werden. Für Ihre Glaubwürdigkeit, für die des Kollegen und für die weitere Zusammenarbeit mit dem Kunden ist es wichtig, dass Sie tun, was Sie ankündigen. Wenn Sie nur »leere Versprechungen« machen, ist die Wahrscheinlichkeit sehr hoch, dass der Kunde Ihnen in einer ähnlichen Situation keinen Glauben schenken wird.

- Verlässt der Kunde das Büro und schlägt beim Hinausgehen die Tür hinter sich zu, sollten Sie beim nächsten Gesprächstermin das unerwünschte Verhalten ansprechen und zum zukünftigen Unterlassen auffordern: »Herr Schütte, Sie haben bei unserem letzten Termin hinter sich die Tür mit einem lauten Knall zugeschlagen. Bitte lassen Sie das in Zukunft!«

Grenzen setzen

Klienten bedrohen mich nonverbal

BEISPIEL »Herr Krüger, Sie müssen mir die Stromabrechnung zukommen lassen. Nur dann kann ich den Antrag weiter bearbeiten.« »Aber das habe ich Ihnen doch gerade erklärt. Die Abrechnung habe ich nicht, die habe ich sicherlich nicht zugeschickt bekommen.« Sichtlich genervt entgegnet Frau Pfeiffer: »Dann müssen Sie bei den Stadtwerken anrufen oder persönlich vorbeigehen und eine Kopie der Abrechnung anfordern. Nochmals – ohne die Abrechnung geht es mit Ihrem Antrag nicht weiter.«

Frau Pfeiffer beobachtet Herrn Krüger schon eine Weile sehr aufmerksam. Sie sieht, wie angespannt er ist. Immer wieder ballt er seine Hände zu Fäusten. Die ganze Zeit starrt er sie mit stechendem Blick an. Er atmet ziemlich schnell. Sein Gesicht wird zusehends röter und röter.

Jetzt erhebt er sich ganz langsam und beugt sich über den Schreibtisch. Er steht nun über Frau Pfeiffer, sein massiger Körper wirft einen Schatten auf sie. Leise zischt er: »Das haben Sie mir alles schon zweimal gesagt. Glauben Sie, ich verstehe kein Deutsch, oder was?« ◉

? Was glauben Sie, wie geht es Herrn Krüger? Woran können Sie Ihre Vermutungen festmachen? Wie fühlt sich Frau Pfeiffer dabei? Wie sollte sie auf das Verhalten reagieren? Hätte sie schon früher eingreifen können? Wenn ja, wie?

Aggression und Gewalt rechtzeitig erkennen, S. 109

Frau Pfeiffer fühlt sich allein durch das Verhalten ihres Kunden bedroht. Er bedroht sie »nonverbal«, also ohne Worte. Dabei beobachtet Frau Pfeiffer das Verhalten ihres Gegenübers und vor allem bewertet sie es. Vielleicht hätten Sie die Situation ja ganz anders empfunden? Solch eine Gefahreneinschätzung läuft bei Frauen und Männern prinzipiell gleich ab, aber das Ergebnis kann trotzdem von Mensch zu Mensch unterschiedlich ausfallen. Die eigenen Erfahrungen, das eigene Gefühl und Empfinden machen den Unterschied. Herr Krüger ist eindeutig angespannt und wütend: Die schnelle Atmung, das rote Gesicht und der stechende Blick, das sind Gewaltsignale, die Sie wahrnehmen, die Sie beachten und auf die Sie sofort reagieren sollten (siehe auch S. 109).

Das Verhalten von Herrn Krüger verändert sich im Verlauf des Gespräches. Deutlich ist, dass er unter Stress steht (S. 90). Was wird er als Nächstes tun? Wird er ausrasten? Wird er nur schreien oder sogar nach Ihnen schlagen? Sein Ziel ist es, Sie unter Druck zu setzen, Sie einzuschüchtern, Ihnen Angst zu machen, damit Sie ihm geben, was er von Ihnen will. Wenn jemand nur nonverbal droht, wird keine direkte Bedrohung ausgesprochen und es ist noch kein Straftatbestand erfüllt. Möglicherweise empfinden Sie die Situation aber als genauso bedrohlich, als wenn Sie verbal bedroht würden.

Bedrohungen entstehen häufig, wenn Klienten in starken Stress geraten

Bewährte Strategien

- Der Kunde kommt Ihnen zu nahe. Er dringt in Ihre »intime Distanz« ein – das sind etwa 50 cm. Das ist unangenehm und wirkt bedrohlich. Sie sollten aufstehen, einen Schritt zurücktreten, wieder mehr Distanz schaffen. Durch das Aufstehen begegnen Sie dem Klienten wieder in Augenhöhe. Er steht nicht mehr über Ihnen. Sie bekommen Luft, es fühlt sich besser an. Schauen Sie ihm in die Augen und sprechen Sie sein Verhalten an. »Es ist mir unangenehm, wenn Sie mir zu nahe kommen. Das möchte ich nicht.«

Stellen Sie schnell wieder Distanz her.

Soziale Distanz, S. 102

- »Ich lasse mich durch Ihr Verhalten nicht unter Druck setzen. Nehmen Sie wieder Platz und wir können weiterreden.« Warten Sie ab, bis er sich setzt. Bleiben Sie noch kurz stehen und schauen Sie auf ihn hinunter.

Grenzen setzen

- Wenn der Kunde sich nicht setzt, hängt Ihr Vorgehen von Ihrem Bauchgefühl und seinem weiteren Verhalten ab. Bleibt er stehen und versucht, weiter Druck zu machen, verständigen Sie eine Kollegin. Dadurch stellen Sie Überzahl her und holen Zeugen dazu (Sicherheit am Arbeitsplatz, S. 116). Sagen Sie deutlich, welches Verhalten Sie erwarten und welche Konsequenzen Sie ziehen, wenn er sich weiter so verhält: »Ich möchte nicht, dass Sie sich über den Tisch beugen, um Druck auf mich auszuüben. Wir können uns weiter im Sitzen unterhalten und das Problem klären, ansonsten werde ich das Gespräch beenden. Wie soll unser Gespräch weitergehen?« Wenn er weitermacht – Gespräch abbrechen.

Bauchgefühl

Konsequenzen aufzeigen und umsetzen

Entscheiden lassen

»Ich habe nichts zu verlieren« – Gewaltverbrecher als Kunden

BEISPIEL   »Oje! Der nächste Kunde ist Herr Bechthold, der hat schon Jahre im Gefängnis gesessen.« Frau Sauer wird es ganz mulmig, wenn sie über den folgenden Termin nachdenkt. »Das letzte Mal hat er seine Frau halb totgeschlagen. Und wie der aussieht und mich immer anstarrt. Total tätowiert und die Augen, die einen ständig fixieren und nicht aus dem Blick lassen. Es ist so unangenehm. Ich fühle mich nicht gut dabei. Das macht mir Angst.«
Es klopft, noch bevor Frau Sauer »Herein« sagen kann, öffnet sich die Tür und Herr Bechthold steht in ihrem Büro: »Das ist aber nicht Ihr Ernst. So lasse ich mich nicht abspeisen. Was haben Sie sich eigentlich gedacht, mir den Bescheid zu kürzen? Ich bin damit nicht einverstanden und wenn Sie das nicht zurücknehmen, dann lernen Sie mich kennen!« ⊙

? Welche Gefühle löst der Gedanke bei Ihnen aus, dass Sie mit Menschen zusammenarbeiten müssen, die schwere Gewaltverbrechen begangen haben? Was fällt Ihnen bei solchen Kunden schwerer?

Mit dem Wissen über »die Vergangenheit« des Kunden, über seine Vorstrafen und seine Gewalttätigkeit, kommt die Angst, vielleicht auch sein Opfer zu werden. Wie wird er reagieren, wenn Sie etwas ablehnen, wenn er nicht das bekommt, was er will? Diese Gedanken tauchen ganz automatisch auf, allein wegen der Ihnen bekannten Informationen, wegen Ihres Hintergrundwissens. Die Befürchtungen verstärken sich noch, wenn wir gewisse Vorurteile bestätigt bekommen, die wir über diese Menschen haben, z.B. wenn sie tätowiert oder besonders muskulös sind.

Bewährte Strategien

● Die Gedanken, Befürchtungen und Sorgen werden fast immer von einer mehr oder weniger starken körperlichen Stressreaktion begleitet. Da zu diesem Zeitpunkt keine reale Drohung ausgesprochen wurde, sind es allein Ihre Gedanken, die den Stress und die Angst auslösen. Mit einer Stressbewältigungstechnik (siehe S. 62) können Sie die Körperreaktionen reduzieren, die Sie als Stress wahrnehmen.

- Kunden, die in der Vergangenheit gewalttätig wurden, sollten Sie aus zwei Gründen nicht allein begegnen. Zum einen ist möglicherweise deren Hemmschwelle, zu drohen oder Gewalt auszuüben, niedriger. Sind Sie zu zweit, signalisieren Sie ihm: Ich bin nicht allein, wir sind in der Überzahl, da ist noch ein Zeuge dabei. Zum anderen fühlen Sie sich mit einer Kollegin besser, Sie begegnen dem Kunden mit mehr Selbstsicherheit, was wiederum sein Verhalten beeinflussen wird.

- Damit die Angst nicht bei jedem Kundenkontakt wieder neu da ist, sollten Sie klären, ob eine echte Bedrohung gegeben ist. Dies können Sie am wirkungsvollsten, wenn Sie dem Kunden gegenüber ansprechen, dass er Ihnen Angst macht. Vorher können Sie durch einen kleinen Kniff deutlich machen, dass Sie in der Situation das Zepter in der Hand haben: »Guten Tag, Herr Bechthold. Bitte nehmen Sie Platz und danach können Sie mir erklären, was Ihr Anliegen ist.« Jetzt warten Sie ab, bis er sich gesetzt hat, und bleiben noch kurz stehen. So signalisieren Sie: »Hier bin ich der Chef.« (⌂ Nonverbale Kommunikation, S. 100). Dann sollten Sie offen Ihre Beobachtung und Ihren Eindruck schildern: »Sie kommen herein, ohne dass ich Sie dazu aufgefordert habe, reden sofort drauflos, ohne ›Guten Tag‹ zu sagen, und wollen mich unter Druck setzen, damit ich meinen Bescheid zurücknehme. Ich habe den Eindruck, dass Sie mir drohen wollen!«

Informationen geben

Authentisch sein

Wenn Sie wissen möchten, was Sie tun können, wenn Kunden Ihnen jetzt ganz konkret drohen, können Sie hier direkt weiterlesen.

»Ich weiß, wo du wohnst« – Klienten bedrohen mich verbal

BEISPIEL Herr Yilmaz versucht seit einer Viertelstunde, einen Vorschuss vom Arbeitslosengeld des nächsten Monats zu bekommen. Herr Palmer, der ihm schon zum dritten Mal erklärt hat, warum das nicht geht, wird langsam ungeduldig. »Herr Yilmaz, jetzt zum vierten Mal«, sagt er und schafft es nur mit Mühe, nicht die Geduld zu verlieren, »ich darf Ihnen nur einen Vorschuss ausbezahlen, wenn Sie in einer Notlage sind. Das letzte Mal habe ich ein Auge zugedrückt und Sie haben das Geld nicht für Ihre Kinder, sondern fürs Kartenspielen verwendet.« »Hören Sie mir nicht zu? Ich brauche das Geld. Ich bin pleite und weiß nicht, wovon ich Essen kaufen soll. Ihnen geht es gut. Sie haben alles. Sie können mich so oder so nicht verstehen. Rücken Sie jetzt das Geld raus!« Herrn Yilmaz´ Stimme überschlägt sich etwas.

»Es geht nicht. Ich werde Ihnen das Geld nicht ausbezahlen, und hören Sie auf, mir Schuldgefühle zu machen.« Während Herr Palmer dies ausspricht, wird er von seinem Kunden scharf fixiert. Herr Yilmaz starrt ihn an, ohne ein Wort zu sagen. »Was ist, Herr Yilmaz? Hat es Ihnen die Sprache verschlagen? Schauen Sie nicht so feindselig. Sagen Sie etwas.« Wieder vergehen ein paar Sekunden. Herr Yilmaz beugt sich nach vorn in Richtung von Herrn Palmer und sagt mit leiser, zischender Stimme: »Wenn ich das Geld nicht bekomme, dann weiß ich, was ich zu tun habe. Ich weiß, wo Sie wohnen. Mehr sage ich nicht.« ◉

? Haben Sie so eine Situation schon erlebt? Wie ist das Gespräch bei Ihnen weitergegangen? Was haben Sie gemacht? Wie fühlt sich Herr Palmer jetzt? Handelt es sich um eine strafbare Handlung? Was sagen Sie Herrn Yilmaz und was tun Sie anschließend?

Ihr Umgang mit Bedrohungen wird wesentlich von Ihren Vorerfahrungen abhängen und davon, was Sie über die Person wissen, die Sie bedroht. Ist die Person für ihre Aggressivität bekannt? Ist sie bereits wegen ähnlicher Delikte straffällig geworden? Sind Sie schon einmal persönlich bedroht oder verletzt worden?

Wenn jemand andere Menschen bedroht, hat er bisher vermutlich erfahren, dass er auf diese Art erfolgreich seine Ziele erreichen kann. Die Person will Druck machen, verunsichern, Angst auslösen, Macht ausüben. In der Regel münden Drohungen nicht in eine konkrete Tat. Einen Menschen zu verletzen, zu entführen oder zu töten, dazu braucht es ein großes Maß an krimineller Energie. Ganz auszuschließen ist das aber natürlich nicht. Daher sollten Sie eine Bedrohung in jedem Fall ernst nehmen und sofort darauf reagieren. Ziehen Sie direkt andere Personen hinzu, setzen Sie Grenzen und teilen Sie dem Kunden die Konsequenzen mit, wenn er Ihnen indirekt droht.

Sicherheit am Arbeitsplatz, S. 116

Die Formulierung von Herrn Yilmaz ist keine strafbare Handlung, weil seine Aussage keine Androhung eines Verbrechens ist. Wie strafbare Bedrohungen formuliert sind, können Sie im nächsten Kapitel nachlesen.

Bewährte Strategien

- Sagen Sie mit deutlicher, lauter Stimme: »Ich lasse mir nicht drohen« oder »Das will ich nicht noch einmal hören« oder »Ich habe keine Angst«. Weisen Sie ihn sofort auf die Folgen seiner Drohung hin: »Wenn mir etwas passiert, weiß jeder, wer es war, weil ich meine Vorgesetzte und meine Kolleginnen informieren werde. Wollen Sie das?« Mit dieser Frage geben Sie dem Kunden die Möglichkeit, sein Verhalten zu überdenken, seine Drohung zurückzunehmen und sich zu entschuldigen. Sagen Sie es so laut, dass Kollegen im Nachbarzimmer aufmerksam werden können.

  Grenzen setzen

  Konsequenzen aufzeigen

  Entscheiden lassen

- Reagiert er hierauf nicht oder wiederholt seine Drohung noch einmal, müssen Sie das beschriebene Szenario umsetzen. Verständigen Sie die Kollegen bzw. die Chefin. Stellen Sie Überzahl her. Wiederholen Sie die Drohung und Ihre Reaktion im Beisein von Zeugen. Danach brechen Sie das Gespräch ab und fordern den Kunden auf, Ihr Büro und das Gebäude zu verlassen.

  Konsequenzen umsetzen

- Halten Sie die Drohung in Form einer Aktennotiz fest. Damit dokumentieren Sie das Kundenverhalten für ein eventuell folgendes Strafverfahren und informieren gleichzeitig den Kollegen, der Sie vertritt oder der bei einem Sachbearbeiterwechsel den Kunden übernimmt.

- Findet der Kontakt in der Wohnung des Kunden statt, können Sie natürlich nicht Ihre Kolleginnen dazuholen. Sollte der Kunde die Drohung nicht zurücknehmen oder sich entschuldigen, verlassen Sie die Wohnung und setzen das, was Sie angedroht haben, um. Den nächsten Termin sollten Sie in Ihren Büroräumen vereinbaren oder einen Zeugen mitnehmen.

»Ich stech dich ab!« – Klienten bedrohen mich körperlich

BEISPIEL »Ich habe kein Geld mehr und kann mir nichts mehr zum Essen kaufen«, so eröffnet Herr Seifert das Gespräch mit seiner Sachbearbeiterin Frau Müller. »Ich würde Ihnen gerne helfen, Herr Seifert, aber Sie wissen, es ist erst der 25. August. Ich darf Ihnen vor dem Ersten kein Geld mehr auszahlen.« Frau Müllers Bedauern kommt von Herzen. »Aber ich bin pleite, der Kühlschrank ist leer, zu trinken habe ich auch nichts mehr. Wollen Sie, dass ich verhungere?« »Das ist sehr schlimm für Sie und ich möchte nicht, dass Sie zu Schaden kommen. Ich kann Ihnen anbieten, einen Verpflegungsgutschein auszustellen. Den können Sie bei ALDI einlösen, wäre das eine Lösung?«

»Nein, das ist keine Lösung für mich! Sie können mich überhaupt nicht verstehen. Ich und mein Schicksal sind Ihnen scheißegal.« Herr Seifert wird lauter, steht auf, stützt seine Hände auf den Schreibtisch und beugt sich in Richtung Frau Müller.

»Bitte beruhigen Sie sich. Mir sind die Hände gebunden und ich kann Ihnen nur so weiterhelfen«, entgegnet Frau Müller sichtlich verunsichert.

»Das ist alles, was Sie dazu zu sagen haben? Sie sind doch an allem schuld!« Herr Seifert schlägt mit der flachen Hand auf den Tisch, geht mit drei schnellen Schritten um ihn herum und baut sich direkt vor der sitzenden Frau Müller auf. »Jetzt ist mir alles egal.« Herr Seifert greift in seine Jackentasche und zieht ein Springmesser heraus. Er richtet es auf Frau Müller und zischt: »Wenn du mir nicht sofort Geld gibst, stech ich dich ab!« ⦿

? Was treibt Herrn Seifert zu diesem extremen Verhalten? Welche Möglichkeiten zur Deeskalation hätte Frau Müller gehabt? Wie hätte sie die Bedrohung früher erkennen können?

Im vorliegenden Fallbeispiel spielen drei Paragrafen des Strafgesetzbuches eine Rolle. Da ist § 240 StGB, mit dem Straftatbestand der Nötigung: (1) Wer einen Menschen rechtswidrig mit Gewalt oder durch Drohung mit einem empfindlichen Übel zu einer Handlung, Duldung oder Unterlassung nötigt, wird mit Freiheitsstrafe bis zu drei Jahren oder mit Geldstrafe bestraft. (2) Rechtswidrig ist die Tat, wenn die Anwendung der Gewalt oder die Androhung des Übels zu dem angestrebten Zweck als verwerflich anzusehen ist. (3) Der Versuch ist strafbar.

Wenn Ihr Kunde Sie dazu zwingt, eine Genehmigung zu erteilen, die ihm nicht zusteht, oder Sie daran hindert, Hilfe herbeizuholen, wird dieser Paragraf relevant. Nötigen bedeutet, dem Gegenüber ein nicht gewolltes Verhalten aufzuzwingen oder das Gegenüber daran zu hindern, etwas zu tun. Geschützt wird dadurch das Recht, freie Entscheidungen zu treffen. Der Täter nötigt, wenn er Sie mit Gewalt oder durch Androhung von Gewalt dazu zwingt, auf eine bestimmte Art zu handeln, etwas zu erdulden oder etwas zu unterlassen, z. B. Hilfe zu holen.

Die zweite relevante Straftat in diesem Beispiel ist die Bedrohung, § 241 StGB: (1) Wer einen Menschen mit der Begehung eines gegen ihn oder eine ihm nahestehende Person gerichteten Verbrechens bedroht, wird mit Freiheitsstrafe bis zu einem Jahr oder mit Geldstrafe bestraft. (2) Ebenso wird bestraft, wer wider besseres Wissen einem Menschen vortäuscht, dass die Verwirklichung eines gegen ihn oder eine ihm nahestehende Person gerichteten Verbrechens bevorstehe.

Wichtig ist, dass die Drohung gegen einen Menschen gerichtet sein muss. Die angedrohte Tat muss ein Verbrechen sein, also eine Straftat, die mindestens mit einer Freiheitsstrafe von einem Jahr bestraft wird (z.B. schwere Körperverletzung, Mord und Totschlag, Vergewaltigung, Raub, Geiselnahme, Menschenraub oder Brandstiftung). Es reicht, wenn Ihr Gegenüber Ihnen vortäuscht, es stünde ein Verbrechen gegen Sie oder eine andere Person unmittelbar bevor. Im Beispiel ist es die Äußerung »Ich stech dich ab«, also die Bedrohung mit einem Tötungsdelikt.

Der dritte relevante Paragraf ist §255, die räuberische Erpressung: Wird die Erpressung durch Gewalt gegen eine Person oder unter Anwendung von Drohungen mit gegenwärtiger Gefahr für Leib oder Leben begangen, so ist der Täter gleich einem Räuber zu bestrafen.

Im Beispiel wird Frau Müller mit einem Messer bedroht und zu einer Vermögensverfügung (Geld, Auszahlungsschein herausgeben) genötigt.

Bewährte Strategien

- Drohungen müssen immer ernst genommen werden, auch wenn sie nur ausgesprochen und nicht umgesetzt werden. Es gilt: »Wer die Waffe hat, hat die Macht!« Schützen Sie sich vor der angedrohten Tat, indem Sie die Forderung erfüllen. Sie sollten Geld ausbezahlen oder einen Auszahlungsschein für die Kasse übergeben. So erreichen drohende Menschen ihre Ziele und verlassen erst einmal Ihr Büro.

Drohungen immer ernst nehmen! Erfüllen Sie alle Forderungen!

- Nachdem Sie Ihre Sicherheit wiederhergestellt haben, informieren Sie Ihre Kollegen und Vorgesetzten. Der Vorfall und die damit verbundene Gefährlichkeit des Hilfeempfängers muss bekannt gemacht werden.

- Hier liegt eine Straftat vor. Verständigen Sie die Polizei und machen Sie eine Anzeige. Die Polizei beschlagnahmt das Geld und fertigt eine Anzeige.

Grenzen setzen

Verständigen Sie die Polizei.

- Eine weitere Konsequenz sollte das Erteilen eines Hausverbots sein. Dieses kann auch zeitlich befristet werden. So wird gegenüber dem Kunden noch einmal verdeutlicht, dass sein Verhalten auch vonseiten der Behörde Konsequenzen hat.

Im Schwitzkasten –
Klienten greifen mich körperlich an

BEISPIEL »Jetzt ist es genug!«, brüllt Herr Serpay und springt auf. »Sie wollen mich ruinieren. Was habe ich Ihnen getan, dass Sie mich kaputt machen wollen? Es ist genug!« Frau Windisch erschrickt, obwohl sie mit einer heftigen Reaktion gerechnet hat. Schon als er das Büro betrat, hatte sie so ein komisches Gefühl. Eigentlich wollte sie das Gespräch gar nicht führen. Obwohl sie Angst hat, steht sie auf, versucht einen kühlen Kopf zu bewahren und sagt: »Bleiben Sie ruhig, so schlimm ist das doch nicht.«
Mit hochrotem Kopf springt Herr Serpay auf sie zu, erfasst ihren Schal und zieht sie zu sich her. Bevor Frau Windisch sich wehren kann, packt er mit beiden Händen noch fester zu und würgt sie. ⊙

? Und jetzt – was kann Frau Windisch noch tun? Wie hätte sie diesen Angriff verhindern können? An welchen Signalen lässt sich gewalttätiges Verhalten frühzeitig erkennen? Wie verhalten Sie sich als Kollegin von Frau Windisch?

Wird ein Kunde Ihnen gegenüber handgreiflich, begeht er nach § 223 StGB eine Körperverletzung. Für die Körperverletzung gilt: (1) Wer eine andere Person körperlich misshandelt oder an der Gesundheit schädigt, wird mit Freiheitsstrafe bis zu fünf Jahren oder mit Geldstrafe bestraft. (2) Der Versuch ist strafbar.
Die Gesundheit von Frau Windisch ist hier ernsthaft in Gefahr, angefangen von Würgemalen über eine Verletzung der Halswirbelsäule bis hin zum psychischen Schock, der Todesangst und ihrer Hilflosigkeit. Das Gesetz schützt unsere Gesundheit. Damit es zu einer Strafverfolgung kommt, muss Frau Windisch diesen Angriff allerdings anzeigen und einen Strafantrag stellen.
Ein Richter müsste sich im Falle von Herrn Serpay fragen, ob er nicht eine gefährliche Körperverletzung (§ 223a StGB) begangen hat, weil er den Schal von Frau Windisch als Waffe gegen sie einsetzt. Eine gefährliche Körperverletzung ist folgendermaßen definiert: (1) Ist die Körperverletzung mittels einer Waffe, insbesondere eines Messers oder eines anderen gefährlichen Werkzeugs, oder mittels eines hinterlistigen Überfalls oder von mehreren gemeinschaftlich oder mittels einer das Leben gefährdenden Behandlung begangen, so ist die Strafe Freiheitsstrafe von drei Monaten bis zu fünf Jahren. (2) Der Versuch ist strafbar.

Erfährt die Polizei von einer gefährlichen Körperverletzung, sorgt das öffentliche Interesse an der Verfolgung und Aufklärung dieser Tat dafür, dass die Polizei von allein tätig wird. Als Betroffene ist es nicht notwendig, selbst zu beantragen, dass der Täter zur Rechenschaft gezogen wird. Das veranlasst der Staat an dieser Stelle von allein, genauso wie bei Totschlag, Mord, Vergewaltigung, sexueller Nötigung und anderen schweren Straftaten.

Für alle Helfer in solchen Situationen ist § 32 StGB zur Notwehr wichtig. Der Staat erlaubt es uns, Opfern einer Straftat beizustehen oder Täter davon abzuhalten, jemandem zu schaden. Dabei dürfen wir selbst eine Straftat begehen (z. B. eine Körperverletzung, weil wir den Täter schlagen, oder eine Freiheitsberaubung, weil wir den Täter in einem Büro einschließen oder festhalten, bis die Polizei kommt). Unter Notwehr versteht man: (1) Wer eine Tat begeht, die durch Notwehr geboten ist, handelt nicht rechtswidrig. (2) Notwehr ist die Verteidigung, die erforderlich ist, um einen gegenwärtigen rechtswidrigen Angriff von sich oder einem anderen abzuwenden.

Das heißt, Sie dürfen und sollten als Kollege Frau Windisch helfen und müssen deswegen nicht befürchten, später selbst als Täter dazustehen. Sie können sich darauf berufen, in Nothilfe bzw. Notwehr gehandelt zu haben.

Vertrauen Sie auf Ihre Intuition, Ihren Gefahrenradar, Ihr Bauchgefühl und reagieren Sie sofort! Die effektivste und sicherste Reaktion ist die Flucht. Verlassen Sie die gefährliche Situation! Holen Sie Hilfe, stellen Sie Überzahl her, auch um Zeugen für die Situation zu haben.

Bauchgefühl

Sind diese Chancen wie im angeführten Beispiel »verpasst« worden, geht es um Ihre Gesundheit, im Zweifel sogar um Ihr Leben. Möglicherweise sieht sich Ihr Kunde mit dem Rücken zur Wand stehen und nur noch brutale Gewalt als Ausweg. In seinen Augen sind Sie diejenige, die das alles verursacht hat. Er will Macht ausüben und befindet sich in einer Stresssituation, steht unter Strom, ist aggressiv. Er greift Sie an. Er will sein Ziel erreichen, aber selbst nicht angegriffen oder gar verletzt werden. Widersetzen Sie sich? Schlagen Sie zurück?

Bewährte Strategien

☞
Flüchten ist besser
als kämpfen.

Nicht kämpfen ist angesagt, in erster Linie sollten Sie versuchen, sich zu befreien und zu flüchten. Die Möglichkeiten zur Flucht entscheiden über die Wahl der Mittel. Ziel ist es, den Angreifer in kürzester Zeit (ca. zwei bis drei Sekunden) mit vielen unterschiedlichen Reizen zu überfluten, zu verwirren und sich damit genug Zeit zu verschaffen, an einen sicheren Ort zu flüchten.

Sie haben genau eine Chance, um sich aus dem Griff des Angreifers zu befreien. In diese eine Möglichkeit müssen Sie alle Kraft legen, Ihre gesamte Energie bündeln. Alle Konzentration ist auf diesen einen Versuch gerichtet. Seien Sie sich dessen bewusst, bereiten Sie

📖
Mentales Training,
S. 84

sich darauf vor! Bereiten Sie sich mental darauf vor! Stellen Sie sich Angriffssituationen und was Sie dann tun werden, immer wieder in Ihren Gedanken vor. Wenn Sie sich vorstellen, wie Sie sich wehren, dann stellen Sie sich Ihre Verteidigung bis zum erfolgreichen Ende vor. Ihre Vorstellung sollte immer damit enden, dass Sie wieder sicher sind und Ihr Angreifer wehrlos ist.

Zunächst sollten Sie dem Angreifer das Gefühl geben, dass er sein Ziel erreicht hat, dass er Sie in seiner Gewalt hat. Wehren Sie sich nicht, gehen Sie mit. Sie zeigen ihm damit, dass er gewonnen hat. Dies ist das Signal für ihn »zu entspannen«, dass er Sie nicht mehr mit aller Kraft und Konzentration im Auge bzw. im Griff behalten muss. Wann seine Aufmerksamkeit ein wenig nachlässt, können Sie spüren und wahrnehmen.

Und jetzt entscheiden Sie, wann Ihre Gegenwehr erfolgt. Das Überraschungsmoment wird auf Ihrer Seite sein. Plötzlich schlagen Sie zurück. Sie übernehmen die Initiative und überraschen den Angreifer mit Ihrer Gegenwehr. Legen Sie Ihre ganze Energie, Ihre ganze Kraft in Ihre Befreiungsaktion!

☞
Besuchen Sie
ein Training zum
Selbstschutz.

Es ist wichtig, dass Sie sich bewusst machen, dass Sie auch in Bedrohungssituationen und bei körperlichen Angriffen die Möglichkeit haben, sich zu wehren und für Ihre Sicherheit zu sorgen. Hierzu sollten Sie ein gutes Selbstschutztraining absolvieren. Die Gegenwehr sollte immer damit beginnen, dass Sie um Hilfe rufen oder laut schreien.

Wenn Sie zu der oben geschilderten Szene mit Frau Windisch dazukommen, benötigt Ihre Kollegin dringend Ihre Hilfe. Schreien Sie den Täter an, rufen Sie weitere Kollegen hinzu! Beauftragen Sie konkret jemanden damit, einen Notruf zu tätigen: »Fred, ruf die Polizei!« Und wenn Herr Serpay sich dadurch nicht irritieren lässt, dann dürfen Sie auch handgreiflich werden und ihn von Ihrer Kollegin wegzerren oder ihm die Blumenvase auf den Kopf schlagen.

Noch eine Frage zum Schluss: Sind Sie bereit zu töten, um sich selbst zu schützen? Wir finden, das ist eine wichtige Frage, die sich jeder einmal stellen sollte.

Wissen

In diesem Abschnitt möchten wir Sie mit einigen Hintergrundinformationen vertraut machen und Ihnen verschiedene (psychologi-
sche) Theorien vorstellen. Jeder Mensch benötigt unterschiedlich
viele Informationen, so finden Sie hier Informationen, die sicherlich für viele interessant, aber für die Umsetzung der Strategien
nicht unmittelbar notwendig sind. Es wird um Stress gehen, der in
fast allen Strategie-Kapiteln eine Rolle spielt. Wir beleuchten einige
grundsätzliche Aspekte in der Kommunikation. Sie werden etwas
mehr über Gewalt und Aggressionen erfahren und darüber, wie Sie
sich schützen bzw. Ihren Arbeitsplatz sicherer gestalten können.
Beginnen wollen wir mit dem mentalen Training. Damit geben wir
Ihnen eine Technik an die Hand, wie Sie Stück für Stück die Inhalte
dieses Buches in Ihren Arbeitsalltag integrieren können.

Mentales Training – wie setze ich die Strategien in meinem Alltag um?

Alle schwierigen Situationen, die wir in diesem Buch behandeln,
kommen eher selten vor, sind außergewöhnlich oder extrem und
deswegen umso belastender. Sie haben mit großer Wahrscheinlichkeit keine routinierten, automatisierten Strategien im Umgang mit
diesen Situationen. Die Frage ist, wie schaffe ich, dass mir das dann
in der schwierigen Situation auch einfällt? Und wenn mir eine Strategie einfällt, wie kann es gelingen, dass ich sie dann auch umsetze?
Die Antwort darauf ist: Sie müssen trainieren, üben, wiederholen.
Darum werden in vielen Seminaren Rollentrainings eingesetzt; auch
Feuerwehrleute proben immer wieder den Ernstfall. Menschen lernen viel besser und nachhaltiger, wenn sie Dinge mit allen Sinnen,
mit dem Kopf, dem Herzen und dem Körper erfahren.

☞ Bereiten Sie sich mental auf außer-gewöhnliche oder extreme Situationen vor.

Sie haben aber nicht immer die Zeit, alle möglichen schwierigen
Situationen in Seminaren, in Trainings oder im Alltag zu üben.
Ausnahmesituationen treten plötzlich auf und es könnte sein, dass
Ihnen in diesem Moment – unter großem Stress – nicht mehr ein-
fällt, was Sie Jahre zuvor im Seminar gelernt haben. Wie können

Sie das ändern? Wie können Sie sich vorbereiten, ohne ständig die konkreten Strategien im Alltag üben zu müssen?

Hier setzt mentales Training an. »Mentales Training ist das planmäßige, wiederholte, systematische, bewusste und kontrollierte Optimieren von Vorstellungen seines Eigenzustands, seiner Handlung und/oder seines Weges ohne gleichzeitige praktische Ausführung.« (EBERSPÄCHER 2008, S. 73)

Das bedeutet, dass man sich sein Handeln immer wieder vorstellt, ohne die Handlungen tatsächlich auszuführen. Beispielsweise könnte das so aussehen: »Wenn ein Kunde sich weigert zu gehen, sage ich: ›Herr X, das Gespräch ist zu Ende. Ich möchte, dass Sie jetzt mein Büro verlassen‹, dazu stehe ich auf, gehe zur Bürotür, öffne sie und weise mit der Hand hinaus. ›Wenn Sie nicht gehen, ist das ein Hausfriedensbruch und ich werde die Polizei anrufen, die Sie dann mitnimmt‹, sage ich. Wenn der Kunde sitzen bleibt, lasse ich die Tür offen, gehe zum Telefon und rufe meinen Chef an: ›Herr Mayer, könnten Sie bitte kurz rüberkommen. Herr X will mein Büro nicht verlassen.‹ Wenn Herr X auch nach der Aufforderung durch meinen Chef das Büro nicht verlässt, informiere ich die Polizei: ›Hier ist Frau Müller vom Sozialamt. Bei mir sitzt Herr X. Trotz mehrmaliger Aufforderung weigert er sich zu gehen. Bitte schicken Sie jemanden, der ihn mitnimmt und die Anzeige wegen Hausfriedensbruch aufnimmt.‹« Usw.

Je seltener, schwieriger und bedrohlicher eine Situation ist, desto eher benötigen wir Handlungsabläufe, die uns präsent sind und die wir auch unter Stress noch abrufen können. Führen Sie das mentale Training für eine Situation durch, erleben Sie sich in dieser Situation als kompetent. Tritt die Situation in der Realität dann ein, wird es Ihnen viel leichter fallen, die optimale Verhaltensstrategie aus dem Gedächtnis abzurufen. Ziel des mentalen Trainings ist also: Sie sollen auch in Situationen, bei denen Sie keine Routine haben, optimal handeln können. Mit mentalem Training kann man im Kopf probehandeln, wiederholen und sich somit auf effektive Weise für den Ernstfall vorbereiten, ohne Dutzende reale Situationen erlebt und bewältigt zu haben. Das Üben geschieht allein im Kopf.

Wie entsteht nun ganz konkret Ihr inneres Drehbuch, wie können Sie einen Handlungsablauf wie im Beispiel oben entwickeln?

Schritt 1: Den Handlungsablauf finden

Zuerst müssen Sie wissen, was genau Sie mental trainieren wollen. Welchen Handlungsablauf möchten Sie verinnerlichen und erlernen?

Eine gute Möglichkeit, um zu geeigneten Handlungsabläufen zu kommen, ist sicher, sich ein paar Minuten in einem entspannten Moment hinzusetzen und sich zu überlegen, wie man in einer bestimmten schwierigen Situation gerne reagieren möchte oder sollte. Eine andere Möglichkeit ist, erfahrene Kollegen zu fragen oder auf Expertenwissen, z.B. in einem Seminar, zurückzugreifen. Oder Sie nutzen dieses Buch mit seinen Strategiekapiteln und Handlungsvorschlägen.

Entwickeln Sie sich einen Plan, wie Sie reagieren wollen, nehmen Sie dabei zunächst alle möglichen Alternativen auf, die Sie haben.

BEISPIEL

- Mein Kunde weigert sich zu gehen.
  - ↪ Ich stehe auf, gehe zur Tür, öffne sie und weise hinaus (nonverbale Kommunikation). Dabei sage ich: »Herr X, unser Gespräch ist zu Ende. Ich möchte, dass Sie jetzt mein Büro verlassen.«
  - ↪ Ich hole gleich eine Kollegin dazu.

- Der Kunde weigert sich weiterhin und bleibt sitzen.
  - ↪ Ich stehe an der Tür und sage: »Herr X, wenn Sie jetzt nicht gehen, ist das Hausfriedensbruch.«
  - ↪ Ich könnte an der Tür auch sagen: »Herr X, da draußen sind andere Kunden, die wollen auch bedient werden. Ich möchte, dass Sie gehen, sofort!« Für den letzten Satz hebe ich die Stimme und werde etwas lauter.
  - ↪ Ich könnte an der Tür auch sagen: »Dann hole ich jetzt meinen Vorgesetzten dazu.« Ich gehe zum Telefon, rufe meinen Chef an und sage: »Herr M, bei mir sitzt Herr X und weigert sich zu gehen. Könnten Sie bitte kurz dazukommen?«

- Der Kunde weigert sich nach wie vor und bleibt sitzen.
  - ↪ Ich sage: »Wenn Sie nicht gehen, ist das Hausfriedensbruch und ich werde jetzt die Polizei anrufen, die Sie mitnehmen und eine Anzeige aufnehmen wird.«

- Der Kunde weigert sich immer noch und bleibt sitzen.
  ↪ Ich lasse die Tür offen, gehe zum Telefon und rufe die Polizei
  an: »Hier ist A vom Sozialamt. Bei mir sitzt ein Herr X und
  weigert sich zu gehen. Bitte schicken Sie jemanden, der ihn entfernt und eine Anzeige wegen Hausfriedensbruch aufnimmt.«

- Der Kunde weigert sich und bleibt hartnäckig sitzen.
  ↪ Ich hole eine Kollegin dazu und warte auf die Polizei. ◉

Je bedrohlicher Situationen sind, desto weniger Alternativhandlun-
gen stehen zur Verfügung. Manche Handlungsabläufe sollten für
alle Mitarbeiter gleich sein, beispielsweise sollten alle Mitarbeiten-
den mit Beleidigungen und Drohungen auf dieselbe Art und Weise
umgehen.

Schritt 2: Den Handlungsablauf prüfen

Wenn es Alternativen gibt, probieren Sie, welcher Handlungsablauf Ihnen am meisten zusagt, am besten zu Ihnen passt. Dem einen
fällt es leicht, die Stimme zu erheben und nachdrücklich zu werden,
dem anderen nicht. Probieren Sie es vielleicht mit einer Kollegin
aus oder üben Sie die Situation laut, daheim vor einem Spiegel, im
Büro nach Feierabend oder in einem Seminar. Das vermittelt Ihnen
ein Gefühl für den Handlungsablauf. Sie werden merken, mit welcher Variante Sie sich am wohlsten fühlen. Dann entscheiden Sie
sich. Zum Beispiel könnten Sie sich für folgenden Ablauf entscheiden:

BEISPIEL

- Mein Kunde weigert sich zu gehen.
  ↪ Ich stehe auf, gehe zur Tür, öffne sie und weise hinaus (nonverbale Kommunikation). Dabei sage ich: »Herr X, unser Gespräch ist zu Ende. Ich möchte, dass Sie jetzt mein Büro verlassen.« Dann rufe ich eine Kollegin dazu.

- Der Kunde weigert sich und weiterhin bleibt sitzen.
  ↪ Ich sage: »Wenn Sie nicht gehen, ist das Hausfriedensbruch.
  Ich werde jetzt meinen Vorgesetzten dazuholen und die Polizei
  anrufen, die Sie mitnimmt und eine Anzeige aufnimmt.«

- Der Kunde weigert sich nach wie vor und bleibt sitzen.
  ↳ Ich lasse die Tür offen, gehe zum Telefon und rufe die Polizei an: »Hier ist A vom Sozialamt. Bei mir sitzt ein Herr X und weigert sich zu gehen. Bitte schicken Sie jemanden, der ihn entfernt und eine Anzeige wegen Hausfriedensbruch aufnimmt.«

- Der Kunde weigert sich immer noch und bleibt sitzen.
  ↳ Ich warte zusammen mit den Kollegen auf die Polizei. ◉

Schritt 3: Den Handlungsablauf verinnerlichen

Im nächsten Schritt lernen Sie den Handlungsablauf auswendig. Sie sagen die Sätze immer wieder vor sich her, laut oder leise. Sie stellen sich bildlich vor, wie Sie diesen Handlungsablauf in einer Situation umsetzen. Stellen Sie sich die Situation so lebendig wie möglich vor: Ihr Büro. Wie genau stehen Sie auf? Welchen Weg nehmen Sie zur Bürotür? Wie fühlt sich die Klinke an? Geht die Tür nach innen oder außen auf? Wo genau sitzt der Kunde? Wie schnell gehen Sie? Wie betonen Sie die Worte, die Sie sich zurechtgelegt haben? Wie genau verhält sich der Kunde? Schaut er Sie an? Wie ist seine Körperhaltung? Sagt er etwas?

Schritt 4: Knotenpunkte beschreiben

Knotenpunkte sind jene Teile einer Handlung, ohne die der nächste Handlungsschritt nicht ablaufen kann. Man kann einen Handlungsablauf also in eine in sich logische Reihenfolge bringen und diese in kleinere Handlungseinheiten zerlegen. Oft versteht sich das von selbst, aber nicht notwendigerweise. Im Beispiel ist es klar: Es macht keinen Sinn, zuerst die Polizei zu rufen und dann erst das Gespräch zu beenden. Es macht auch keinen Sinn, zuerst auf den Hausfriedensbruch hinzuweisen, wenn man den Kunden noch nicht aufgefordert hat zu gehen. Und es macht keinen Sinn, die Polizei zu rufen, wenn kein Gesetzesverstoß vorliegt.
Zerlegen Sie Ihren Handlungsablauf, um ihn sich besser merken zu können!

Schritt 5: Knotenpunkte symbolisch markieren

Um die einzelnen Handlungsschritte noch besser abrufen zu können, können Sie sich Gedächtnisstützen in Form von Symbolen überlegen. In unserem Beispiel könnten diese Symbole hilfreich sein:

ABBILDUNG 4

1. Schritt:
Gespräch beenden
und zum Gehen
auffordern

ABBILDUNG 5

2. Schritt:
Konsequenzen
aufzeigen

ABBILDUNG 6

3. Schritt:
Polizei rufen

Ob solche Symbole für Sie hilfreich sind und welche das sein können, müssen Sie für sich selbst entscheiden. Auch ein einzelnes Wort oder eine Bewegung kann Ihnen persönlich dabei helfen, sich besser an den Handlungsablauf zu erinnern.

Nach diesen fünf Schritten haben Sie alle Vorbereitungen getroffen und einen neuen, effektiven Handlungsablauf für den Ernstfall entwickelt. Jetzt heißt es üben, üben, üben bzw. im Fall des mentalen Trainings: sich ausmalen, sich vorstellen, veranschaulichen. Das bedeutet konkret: Während Sie morgens in der S-Bahn oder im Bus sitzen, stellen Sie sich vor, was Sie machen werden, wenn ein Kunde Sie heute anschreit. Während Sie Ihre Jacke weghängen, malen Sie sich aus, wie Sie reagieren, wenn heute ein Kunde nicht wieder gehen will. Und bevor Sie das Büro verlassen, stellen Sie sich ein paarmal vor, was Sie tun, wenn Sie auf dem Heimweg von jemandem beleidigt werden. Üben Sie nicht zu viele Situationen gleichzeitig und frischen Sie bereits geübte Situationen immer wieder auf.

Besonders hilfreich ist das mentale Training, wenn Sie schon vorher wissen, dass ein schwieriger Kunde kommt. Denn diesmal sind Sie vorbereitet, diesmal haben Sie einen Plan, den Sie unmittelbar vor dem Kontakt noch einmal durchgegangen sind. Ihr schwieriger Klient kann jetzt ruhig kommen, Sie sind gewappnet und kompetent!

Stress – warum kann ich nicht gelassen bleiben?

Es ist nicht möglich, gelassen zu bleiben, wenn man sich bedroht fühlt.

Die folgende Abbildung soll Ihnen helfen zu verstehen, wie es dazu kommt, dass Sie sich aufregen »müssen«.

ABBILDUNG 7

Die Stressreaktion

Warum fühlen wir uns gestresst?

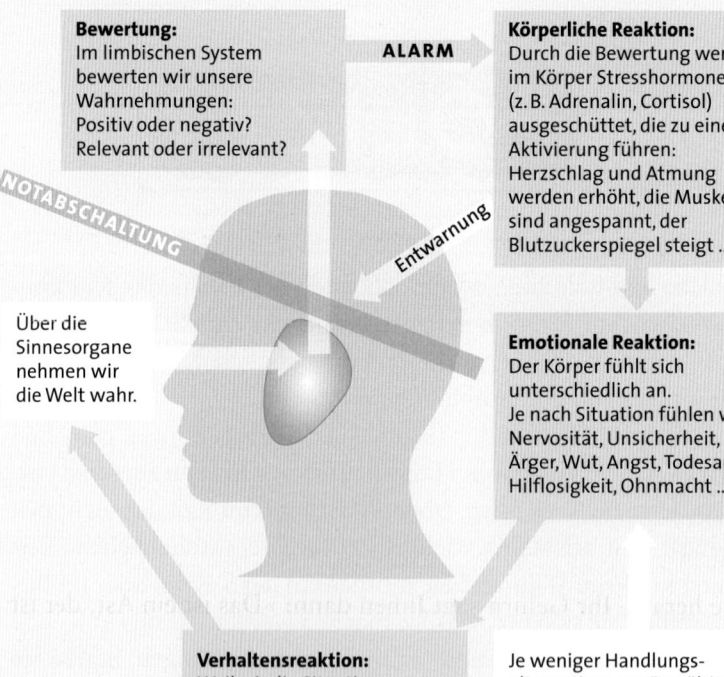

Bewertung:
Im limbischen System bewerten wir unsere Wahrnehmungen:
Positiv oder negativ?
Relevant oder irrelevant?

ALARM

NOTABSCHALTUNG

Entwarnung

Körperliche Reaktion:
Durch die Bewertung werden im Körper Stresshormone (z. B. Adrenalin, Cortisol) ausgeschüttet, die zu einer Aktivierung führen:
Herzschlag und Atmung werden erhöht, die Muskeln sind angespannt, der Blutzuckerspiegel steigt ...

Über die Sinnesorgane nehmen wir die Welt wahr.

Emotionale Reaktion:
Der Körper fühlt sich unterschiedlich an.
Je nach Situation fühlen wir:
Nervosität, Unsicherheit, Ärger, Wut, Angst, Todesangst, Hilflosigkeit, Ohnmacht ...

Verhaltensreaktion:
Weil wir die Situation bewerten und bestimmte Gefühle haben, verhalten wir uns entsprechend:
Kampf – Flucht – Erstarren
Bewusstlosigkeit

Je weniger Handlungsalternativen zur Bewältigung der Situation vorhanden sind, desto lebens- und selbstwertbedrohlicher wird sie und desto extremer werden die Gefühle bis hin zur Todesangst.

Die Darstellung zeigt einen Kopf im Querschnitt. Hier ist eine Region im Gehirn eingezeichnet, die man limbisches System nennt. Das limbische System entwickelte sich beim Menschen schon zu einem Zeitpunkt, als wir noch in Fellröckchen herumliefen und wir auf dem Speiseplan von wilden Tieren standen. Die Funktion des limbischen Systems ist die eines Frühwarnsystems. Dieses Frühwarnsystem verschaffte Menschen einen Überlebensvorteil und setzte sich damit evolutionär durch.

Das limbische System filtert alles, was wir wahrnehmen, daraufhin, ob sich darin Reize bzw. Informationen befinden, die für unser Überleben relevant sind. Gleichzeitig wird ein Abgleich mit unseren Erfahrungen gemacht, inwiefern wir mit einer Situation umgehen können, also Bewältigungsstrategien zur Verfügung haben oder eben nicht. Entdeckt das limbische System einen relevanten und möglicherweise gefährlichen Reiz, wird eine Alarmreaktion ausgelöst. Im Körper werden Stresshormone ausgeschüttet. Dies führt zu einer schnelleren Atmung; mehr Sauerstoff wird über den höheren Herzschlag in die Muskeln transportiert. Der Blutzuckerspiegel erhöht sich ebenfalls. Unsere Muskeln werden besser versorgt und wir haben kurzfristig mehr Kraft zur Verfügung. Je nachdem, welche Handlungsmöglichkeiten wir haben, erleben wir unterschiedliche Gefühle. Diese sind wiederum dafür entscheidend, ob wir kämpfen, flüchten, erstarren oder das Bewusstsein verlieren.

Stellen Sie sich beispielsweise vor, Sie sind unterwegs in Australien, einem Land mit vielen gefährlichen Tieren. Sie wandern durch den Busch. In zwanzig Metern Entfernung sehen Sie etwas Längliches, Braunes mitten auf dem Weg. Ihr limbisches System wird Alarm schlagen, bevor Sie genau wissen, was Sie da sehen, bevor Ihnen bewusst wird, ob es eine Schlange ist oder doch nur ein Ast. Ihre Aufmerksamkeit richtet sich auf die mögliche Gefahr. Sie bekommen einen Tunnelblick. Sie suchen nach weiteren Informationen, um die Gefahr einschätzen zu können. Aus dem länglichen, braunen Gegenstand ragen an verschiedenen Stellen andere, kleinere Dinge heraus. Ihr Gehirn sagt Ihnen dann: »Das ist ein Ast, der ist ungefährlich.« Sofort wird Entwarnung gegeben und die Stressreaktion wieder abgebrochen. Wir alle kennen diesen Ablauf, wenn zum Beispiel neben uns ein Autoauspuff fehlzündet oder eine Tür plötzlich aufgerissen oder zugeschlagen wird. Wir schauen hin und sehen, dass es nur ein Auspuff und kein Amokläufer ist, nur die Kollegin und kein wütender Kunde. Nach wenigen Minuten beruhigen sich unser Herzschlag und die Atmung wieder.

Bewegt sich das längliche, braune Ding allerdings in fließenden Bewegungen auf Sie zu, wird Ihr Gehirn signalisieren: »Das ist eine Schlange, die ist gefährlich und ich habe keine Ahnung, was ich jetzt tun soll.« Vermutlich werden Sie Angst empfinden und flüchten. Stellen Sie sich nun einmal vor, dass Ihre ortskundige Begleitung eine Art Crocodile Dundee ist. Er findet das Tier vielleicht sehr spannend und sagt, sie sei zwar giftig, aber er wisse, wie er damit umgehen müsse. Ihm macht die Schlange keine Angst, er geht sogar noch näher, um sie aus dem Weg zu räumen. Das heißt, er verändert die Situation, er kämpft.

Wenn man eine gefährliche Situation nicht verändern kann, ist es häufig sinnvoll, sie zu verlassen. Das nennt man Flucht. Unter »Kämpfen« verstehen wir an dieser Stelle, dass Menschen außer der Flucht noch andere Möglichkeiten haben, auf eine Situation Einfluss zu nehmen. Die meisten in diesem Buch dargestellten Strategien sind in diesem Sinne »Kampfstrategien«. Es geht darum, die Situation zu verändern.

Schließlich gibt es noch Situationen, in denen wir weder kämpfen noch flüchten können, beispielsweise wenn ein Kunde Sie mit einer Waffe bedroht und die Tür versperrt. In solchen Situationen sind wir hilflos. Wir können nichts tun und erstarren. Unser Gehirn schaltet sich schrittweise ab (siehe Abbildung 7). Diese Notreaktion scheint es in unterschiedlichen Ausprägungen zu geben: Es gibt Menschen, die in solchen Situationen der Hilflosigkeit »hysterisch« werden. Sie erleben Panik, Terror, und gehen ganz in diesen Gefühlen auf. Ihr rationales Denken ist ausgeschaltet. Mitunter bringen sie sich und andere durch ihre Emotionalität und ihr planloses Handeln noch weiter in Gefahr. Andere wiederum werden innerlich klar, kalt und völlig emotionslos. Sie können in diesem Zustand automatisiertes Wissen und Handeln abrufen und Situationen dadurch doch noch bewältigen. Die Gefühle – Angst, Panik und das große Zittern – kommen bei letzteren im Idealfall erst, wenn die Gefahr vorüber ist. Schwierig wird es für diese Personen dann, wenn die Gefühle nicht hinterher kommen, sondern »wegbleiben« oder »weggedrückt« werden, weil sie Angst vor den Gefühlen haben. Daraus kann eine psychische Störung entstehen.

☞
Holen Sie sich nach einem Notfall professionelle Hilfe.

Sollten Sie einmal in eine Situation kommen, in der Ihr Leben bedroht ist, und sollte es Ihnen hinterher sehr schlecht gehen, ist es in jedem Fall ratsam, die Unterstützung eines Notfallpsychologen oder einer erfahrenen Traumatherapeutin zu suchen. Es gibt auch gute Bücher, die erklären, was in solchen Situationen mit einem ge-

schieht und wie man damit umgehen kann, z. B. das Buch von
Luise Reddemann und Cornelia Dehner-Rau (2007), siehe S. 141.
Ihr limbisches System entscheidet blitzschnell, ob ein bestimmter
Reiz gefährlich ist. Sie können weder die Einschätzung noch das
Auslösen der Alarmreaktion verhindern. Das System hat die Funk-
tion, unser Überleben zu sichern, es ist daher sogar sinnvoll, dass es
so schnell, reflexartig und automatisch reagiert.
Allerdings können Sie lernen, Stressreaktionen frühzeitig wieder zu
beenden, Ihrem Körper aktiv Entwarnung zu signalisieren (siehe
Abbildung 7). Indem Sie beispielsweise bewusst tief ausatmen,
geben Sie Ihrem Körper zu verstehen, dass keine Gefahr besteht.
All die anderen Stressbewältigungsstrategien ab S. 62 tragen ebenfalls dazu bei, unvermeidliche Stressreaktionen besser zu bewältigen. Überdies hat das Training verschiedener Strategien für den
Umgang mit schwierigen Situationen Einfluss auf den Stresskreis-
lauf. Wenn Sie sich kompetenter fühlen und wissen, wie Sie mit der
Situation umgehen können, werden Stressreaktionen weniger leicht
ausgelöst.
Schließlich ist es hilfreich, wenn man sich bewusst ist, dass das limbische System nicht nur auf körperliche Bedrohungen reagiert,
sondern auch auf Bedrohungen des Selbstwerts. Darum empfinden
wir Stress, wenn wir beleidigt (»Ich bin nichts wert«) oder in unserer Entscheidungsfreiheit eingeschränkt werden (»Ich werde nicht
ernst genommen«), wenn wir Zeitdruck erleben (»Ich habe Angst
zu versagen«), wenn wir unter- oder überfordert sind. Achten Sie
einmal darauf, wann Ihr Puls steigt und was die Auslöser dafür
sind.

Kommunikation – warum versteht mein Gegenüber mich nicht?

Wenn wir von Kommunikation sprechen, dann meinen wir damit
den Austausch von Informationen zwischen Menschen. Wir teilen
anderen mit, was wir von ihnen wollen, äußern Wünsche und Be-
findlichkeiten. Außerdem vermitteln wir, welche Beziehung wir zu
unserem Gegenüber haben.
In der Kommunikation kann man zwei wesentliche Ebenen unterscheiden: Verbal, also sprachlich, äußern wir uns über – gesprochene oder geschriebene – Worte. Nonverbal, also ohne Sprache,

teilen wir uns über unseren Körper mit, über unsere Gestik, Mimik, unsere Körperhaltung, das Verhalten und die Art und Weise, wie wir unsere Stimme einsetzen.

Verbale Kommunikation: Vier Seiten einer Ampel

SCHULZ VON THUN (1999) entwickelte ein Kommunikationsmodell, das wir leicht abgewandelt haben und das sich gut auf Ihre Arbeit übertragen lässt. Wenn Sie sich für das Original interessieren, finden Sie in der Literaturliste auf S. 139 die entsprechende Buchempfehlung.

Das Modell geht davon aus, dass jede Nachricht, also prinzipiell jeder gesprochene Satz, vier Bedeutungsebenen hat. Das klassische Beispiel geht von einem einfachen Satz aus.

Stellen Sie sich folgende Situation vor: Ein Ehepaar sitzt im Auto, die Frau am Steuer, der Mann auf dem Beifahrersitz. Der Wagen bewegt sich auf eine Ampel zu. Er sagt: »Die Ampel ist grün.« Was könnte er damit meinen?

ABBILDUNG 8

Vier Seiten
einer Nachricht

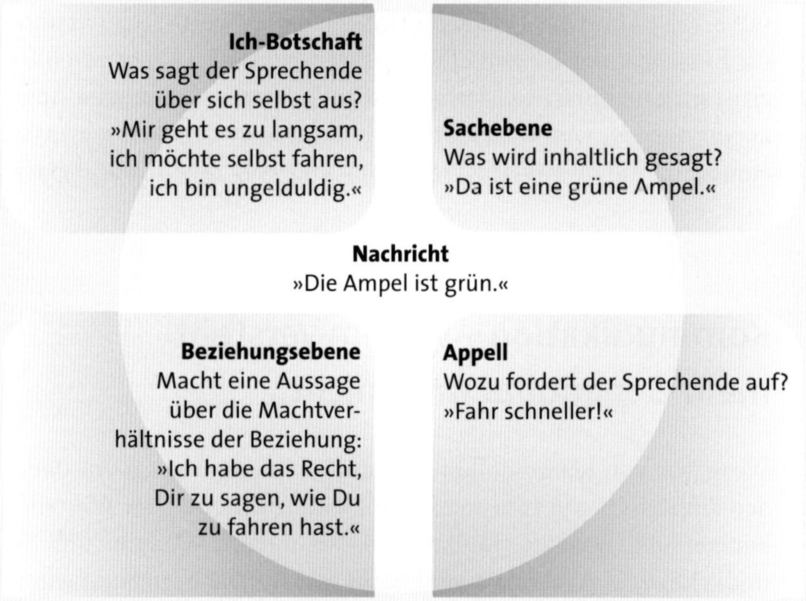

Ich-Botschaft
Was sagt der Sprechende
über sich selbst aus?
»Mir geht es zu langsam,
ich möchte selbst fahren,
ich bin ungelduldig.«

Sachebene
Was wird inhaltlich gesagt?
»Da ist eine grüne Ampel.«

Nachricht
»Die Ampel ist grün.«

Beziehungsebene
Macht eine Aussage
über die Machtver-
hältnisse der Beziehung:
»Ich habe das Recht,
Dir zu sagen, wie Du
zu fahren hast.«

Appell
Wozu fordert der Sprechende auf?
»Fahr schneller!«

In unseren Seminaren stellten wir diese Frage unseren Teilnehmenden. In den allermeisten Fällen beziehen sich die ersten Antworten
auf die Appell-Ebene: »Fahr schneller!« oder »Gib Gas!«. Besonders weibliche Teilnehmende vermuten eine solche Bedeutung hinter der Aussage des Mannes. Darauf folgen oft Vorschläge zur Beziehungsebene, wie z. B. »Du kannst nicht Auto fahren«, »Wird
das heute noch was?« oder »Grüner wird's nicht«.

Selten vermuten unsere Teilnehmer die Aussage auf der Sachebene:
»Na ja, er will sagen, dass das Licht der Ampel grün zeigt. Er meint
das ganz sachlich. Vielleicht hat sie gerade woandershin geschaut
oder so.« Und so gut wie nie vermuten unsere Teilnehmer eine Ich-
Botschaft hinter dem Satz: »Der hat es eilig« oder »Der ist nervös«.
Diese Reaktionen zeigen deutlich, dass wir alle gelernt haben, Aussagen auf den verschiedenen Ebenen zu interpretieren. Wir hören
dabei besonders gut, was der andere will, und Aufforderungen,
dass wir etwas tun sollen: die **Appell-Ebene**.

Auf der **Beziehungsebene** sind wir ebenfalls sehr hellhörig: Mag
der andere mich? Will er Druck ausüben? Werde ich ernst genommen? Werde ich bedroht? Auf dieser Ebene schätzen wir ein, in
welchem Machtverhältnis wir zueinander stehen. Oft ist es schwierig, das Machtverhältnis in Worte zu fassen und es in seinen Ein-
zelheiten zu beschreiben. Daher verwenden wir zur Charakterisie-
rung drei symbolische Darstellungen.

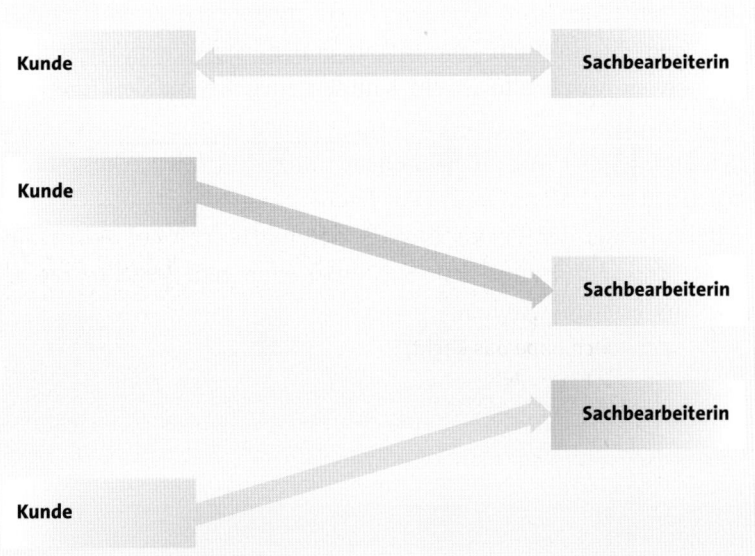

ABBILDUNG 9

Machtebenen in
der Beziehung
Sachbearbeiterin –
Kunde

Im ersten Machtzustand herrscht ein partnerschaftlicher und gleichberechtigter Umgang. Kunde und Sachbearbeiterin fühlen sich wohl und sicher.

Im zweiten Zustand übt der Kunde Druck auf die Sachbearbeiterin aus und will sein Anliegen unbedingt durchsetzen. Eine solche Konstellation liegt vor, wenn Sie sich von Klienten unter Druck gesetzt oder bedroht fühlen.

Im dritten Zustand sieht der Kunde sich als Opfer und gibt Ihnen die Macht »über sein Leben und seinen Tod«. Sie spüren das an der Bürde, die Sie tragen sollen, oder evtl. daran, dass Sie sich schuldig oder verantwortlich fühlen.

Im Umgang mit Ihrem Kunden möchten Sie üblicherweise auf der **Sachebene** bleiben. Ihnen geht es um konkrete Inhalte, wie z.B. staatliche Zuwendungen, Geld, eine Wohnung, eine Genehmigung oder ein Dokument. Das ist Ihr Arbeitsauftrag. Was Ihnen dabei in die Quere kommen kann, sind Aussagen auf der Ebene der **Ich-Botschaften**, also Aussagen darüber, wie es Ihrem Kunden geht. Wieso behindert Sie das in Ihrer Arbeit? Weil die Frage, wie es Ihrem Kunden gerade geht, oft wichtiger ist, wenn es um sein Verhalten Ihnen gegenüber geht, als der sachliche Grund, mit dem er bei Ihnen erscheint.

Vielleicht haben Sie auf S. 15 gelesen, dass Menschen bestimmte Grundbedürfnisse haben. Eines davon ist, gesehen zu werden, mit ihren Gefühlen ernst genommen zu werden. Auf der Ebene der Ich-Botschaften teilen Ihre Kunden Ihnen etwas darüber mit, wie es ihnen geht. Sie können das nutzen, indem Sie lernen, diese Ich-Botschaft zu hören und Ihrem Kunden zurückzumelden, dass Sie seinen emotionalen Zustand wahrgenommen haben. Dadurch wird es leichter, wieder auf die Sachebene zurückzufinden. Diese Technik nennen wir »Vom Gefühl zur Sache«.

☞ »Vom Gefühl zur Sache«: Sagen Sie Ihren Kunden, dass Sie deren Gefühle wahrnehmen. So kommen Sie schneller wieder auf die Sachebene zurück.

Im Beispiel aus der Praxis unserer Seminarteilnehmer sehen Sie, welche Aussagen hinter dem Satz »Bei euch geht sowieso nie jemand ans Telefon!« stehen.

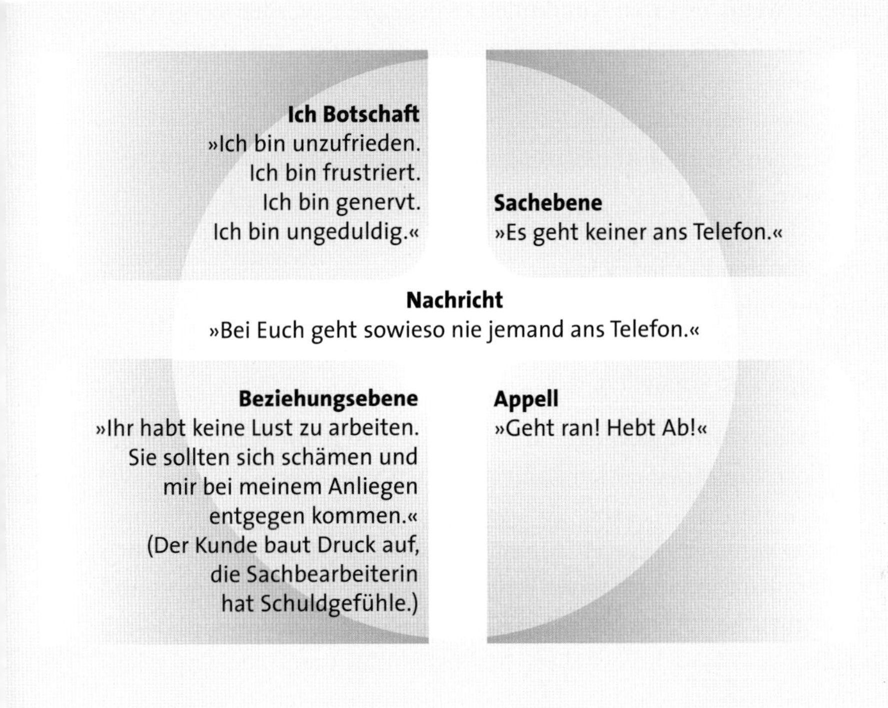

ABBILDUNG 10

Beispiel: Vier Seiten
einer Nachricht

Ich Botschaft
»Ich bin unzufrieden.
Ich bin frustriert.
Ich bin genervt.
Ich bin ungeduldig.«

Sachebene
»Es geht keiner ans Telefon.«

Nachricht
»Bei Euch geht sowieso nie jemand ans Telefon.«

Beziehungsebene
»Ihr habt keine Lust zu arbeiten.
Sie sollten sich schämen und
mir bei meinem Anliegen
entgegen kommen.«
(Der Kunde baut Druck auf,
die Sachbearbeiterin
hat Schuldgefühle.)

Appell
»Geht ran! Hebt Ab!«

In der Aussage »Bei euch geht sowieso nie jemand ans Telefon!«
steckt ein Vorwurf des Kunden. Es gibt viele Möglichkeiten, auf
diese Klage zu reagieren. Sie könnten sagen: »Das stimmt nicht.
Wir geben hier alle unser Bestes, aber es ist einfach zu viel Arbeit.
Sie dürfen gerne zu den Sprechzeiten anrufen. Dann hat auch jemand für Sie Zeit.« Damit gehen Sie auf die Beziehungsebene ein.
Sie weisen den Vorwurf zurück. Sie antworten aber auch auf den
Appell, dass Sie ans Telefon gehen sollen, indem Sie auf die Sprechzeiten verweisen.

Sitzt der Kunde in dem Moment vor Ihnen, geht es meist nicht darum, dass er mehrfach versucht hat anzurufen, sondern dass er
möchte, dass Sie seine Angelegenheit jetzt bearbeiten. Dabei spielt
es erst einmal keine Rolle, ob der Vorwurf berechtigt ist oder nicht,
also ob der Kunde tatsächlich versucht hat anzurufen oder es nur
behauptet, um Druck auszuüben.

Versuchen Sie es einmal mit »Vom Gefühl zur Sache«: »Ich kann
nachvollziehen, dass Sie frustriert sind. Es ist gut, dass Sie jetzt hier
sind, was kann ich denn für Sie tun?« oder »Es tut mir leid, dass Sie
niemanden erreicht haben. Ich kann nachvollziehen, dass Sie verärgert sind. Es ist gut, dass Sie jetzt hier sind. Was kann ich für Sie

tun?«. Wenn Sie Ihren Kundinnen so begegnen, werden sie sich verstanden fühlen und entspannen. Damit stellen Sie wieder eine gleichberechtigte Ebene her und Sie können zum Anliegen bzw. zur Sachebene zurückkehren.

So können Sie Ihre Antworten auf Vorwürfe ebenfalls beginnen:

- Ich sehe, dass ...
- Ich habe Verständnis dafür, dass ...
- Ich habe den Eindruck, dass ...
- Ich kann nachvollziehen, dass ...
- Ich kann nur ahnen, dass ...
- Ich kann mir vorstellen, dass ...

Die obigen Formulierungen unterscheiden sich nur wenig von diesen Formulierungen: »Ich kann verstehen, dass ...«, »Ich weiß, wie Sie sich fühlen ...«. Aber Achtung! Diese beiden Formulierungen können genau das Gegenteil von dem bewirken, was Sie erreichen wollen. Kunden unter Stress reagieren darauf häufig verärgert und entgegnen beispielsweise: »Sie haben ja keine Ahnung!« Im Alltag sagen wir oft: »Ich verstehe.« In Ausnahmesituationen sind Menschen allerdings sensibler. Die Formulierungen »Ich verstehe« und »Ich weiß, wie Sie sich fühlen« geben vor, dass der Sprecher alle verfügbaren Informationen hat. Aber wenn Sie es einmal genau betrachten: Niemand weiß hundertprozentig exakt, wie es dem anderen geht, niemand kann es wirklich verstehen, weil jeder Mensch einzigartig ist. Diese Formulierungen sprechen dem Gegenüber die Einzigartigkeit seines Schmerzes, seiner Verzweiflung oder seiner Hilflosigkeit ab. Darauf reagieren manche Menschen sehr verletzt oder eben aggressiv. Vielleicht kann ein Beispiel aus meiner, Stefanie Röschs, Praxis diesen Punkt verdeutlichen.

Ein Arzt sagte zu den Eltern eines gerade verstorbenen Kindes: »Wir konnten für Ihre Tochter nichts mehr tun. Es tut mir leid. Sie ist tot. Ich weiß, wie Sie sich fühlen. Ich habe auch zwei Kinder.« Aber woher will dieser Arzt das wissen? Seine Kinder leben ja noch. Hätte der Arzt gesagt »Ich kann ahnen, wie es Ihnen gehen muss. Ich habe auch Kinder«, wären die Auswirkungen seiner Worte für das Elternpaar möglicherweise nicht so belastend gewesen, wie es seine unbedachten Worte waren.

Deswegen lassen Sie diese Formulierung bei Ihrer Arbeit einfach weg. Wie Sie oben sehen können, gibt es reichlich andere, unverfänglichere Formulierungen.

Vielleicht fällt es Ihnen nicht immer leicht, die **Gefühle** Ihrer Klienten in Worte zu fassen. Hier finden Sie einige Beispiele, wie Sie diese widerspiegeln können:

- **Weinen**: traurig, verzweifelt, hilflos, ängstlich, die Lage als ausweglos empfinden;
- **Wut**: frustriert, wütend, verärgert, genervt, stinksauer, sich auskotzen, etwas als lästig empfinden;
- **Sich ungerecht behandelt fühlen**: ausgegrenzt, ohnmächtig, ausgeliefert, etwas als unfair empfinden.

Anhand verschiedener häufiger »Reizsätze«, die immer wieder zu Ärger und Eskalationen führen, möchten wir Ihnen noch mehr Beispiele dafür geben, wie Sie »vom Gefühl zu Sache« kommen:

- »Ausländer bekommen sowieso alles.« Oder »Alle anderen kriegen, nur ich nicht!«
  »Ich habe den Eindruck, dass Sie sich benachteiligt fühlen. Ich kann Ihnen versichern, dass hier alle gleichbehandelt werden.«
- »Sie sind schuld, wenn meine Kinder nichts zu essen haben.«
  »Ich kann nachvollziehen, dass Sie sich um Ihre Kinder sorgen. Lassen Sie uns sehen, welche Möglichkeiten Sie haben, für Ihre Kinder zu sorgen.«
- »Dann bringe ich mich um.«
  »Ich sehe, dass Sie verzweifelt sind. Wenn Sie sich umbringen, ist das Ihre Entscheidung. Wenn Sie möchten, können wir gerne zusammen versuchen, eine andere Lösung zu finden.« (siehe auch S. 57)
- »Sie werden von meinen Steuergeldern bezahlt.«
  »Ich habe den Eindruck, dass Sie sich ungerecht behandelt fühlen. Können Sie mir sagen, worin die Ungerechtigkeit für Sie besteht?«
- »Sie haben ja einen Job.«
  »Ich kann nachvollziehen, dass Sie im Moment mutlos sind. Wir haben in drei Wochen wieder einen Termin. Dann schauen wir weiter. Wir tun einfach beide, was wir können.«
- »Das haben Sie mich nie gefragt!«
  »Ich habe den Eindruck, dass Sie sich ungerecht behandelt fühlen. Schauen Sie, hier in dem Antrag steht es drin. Das haben Sie unterschrieben.«
- »Ich kann diese Unterlagen nicht bringen!«
  »Ich kann nachvollziehen, dass es schwierig ist für Sie. Ich kann Ihren Antrag allerdings nicht bearbeiten, wenn Sie die Unterlagen nicht beibringen. So will es das Gesetz.«

- »Wegen Ihnen muss ich klauen und schwarzfahren.«
»Ich sehe, dass Sie verärgert sind. Ich habe alles noch mal nachgerechnet. Es bleibt bei diesem Betrag. Für Ihr Handeln sind Sie allein verantwortlich und werden auch die Konsequenzen dafür tragen müssen. Da kann ich Ihnen nicht helfen.«
Nehmen Sie Ihre eigenen »Reizsätze« und formulieren Sie einmal eine »Vom Gefühl zur Sache«-Antwort. Es lohnt sich.

Nonverbale Kommunikation – Verhalten, Kleidung und Gesichtsausdruck

Etwa 70 Prozent der Informationsvermittlung zwischen zwei Menschen findet über Körperhaltung, Gestik und Mimik statt. Dazu kommen noch etwa 25 Prozent Informationen aus der Art, wie wir unsere Stimme einsetzen, ob wir laut oder leise, langsam oder schnell, deutlich, undeutlich, mit Höhen und Tiefen sprechen. Und nur die verbliebenen 2 bis 5 Prozent der Information werden durch Worte, also über verbale Kommunikation vermittelt.

Vor allem im Umgang mit schwierigen Klienten ist das Ziel Ihrer nonverbalen Kommunikation, zu signalisieren, dass Sie sich sicher sind und das Sagen haben. Gleichzeitig möchten Sie ein partnerschaftliches Arbeiten einleiten. Um das zu erreichen, stehen Ihnen mehrere Möglichkeiten zur Verfügung. Im Wesentlichen geht es um die Frage, wie sie selbstsicher auftreten können.

Stimmige Botschaften senden

Unsere Seminarteilnehmer kommen oft mit der Frage: »Warum tut der Kunde nicht, was ich ihm klar sage?« Wenn wir uns die Situationen dann genau anschauen, stellt sich in fast allen Fällen heraus, dass die Teilnehmenden ihren Kunden unabsichtlich eine unstimmige Botschaft, eine Doppelbotschaft, gesendet haben. Eine Doppelbotschaft?

ABBILDUNG 11
Doppelbotschaft

Die Widersprüche einer Doppelbotschaft liegen in unterschiedlichen Informationen auf verbaler und nonverbaler Ebene. Im Beispiel schlägt der Vater zu und gibt damit nonverbal zu verstehen: »Es ist okay zu schlagen, auch Schwächere.« Gleichzeitig verbietet er seinem Sohn genau dies. Für das Kind auf seinen Knien entsteht maximale Verwirrung. Was gilt denn nun? Da wir stärker auf nonverbale Reize reagieren, wird das Kind wohl lernen: Schlagen ist in Ordnung. Man darf sich nur nicht vom Vater erwischen lassen.

Wenn Sie auf Ihrem Stuhl sitzen bleiben und sagen: »Das Gespräch ist zu Ende«, dann sprechen Sie nonverbal eine Einladung aus, dass auch der Kunde sitzen bleibt. Wenn Sie sagen: »Ich möchte nicht, dass Sie so mit mir reden« und dabei lächeln, wird kein Kunde Sie ernst nehmen. Gerade eine falsch verstandene Kundenfreundlichkeit führt zu diesen Missverständnissen. Sie wissen zwar, was Sie wollen, können es Ihren Kunden aber nicht eindeutig – das heißt verbal und nonverbal stimmig – mitteilen. Der Kunde wird sich mit hoher Wahrscheinlichkeit danach richten, was Sie nonverbal vermitteln. Wenn Sie also sitzen bleiben, wird er das als Einladung interpretieren; wenn Sie lächeln, wird er denken, es sei nicht so schlimm, dass er Sie beleidigt hat, und weitermachen.

Verbale Information und nonverbales Verhalten sollten das Gleiche vermitteln.

♜
Authentisch sein

Wenn Sie sauer sind, dürfen Sie auch so aussehen, wenn Sie Grenzen setzen, darf Ihr Blick ganz streng sein, und wenn Sie zu Offenheit einladen wollen, lächeln Sie!

Soziale Distanz – den richtigen Abstand wahren

Nähe und Distanz haben viel mit unserer Sicherheit und mit sozialen Hierarchien zu tun. Für Ihre Arbeit ist vor allem die Sicherheit wichtig. Hierfür lohnt es, sich mit der Distanz zwischen Ihnen und Ihren Kunden einmal genauer zu beschäftigen.

Stellen Sie sich vor, um Ihren Körper herum sind vier relativ abgegrenzte Distanzzonen ringförmig angeordnet. Ganz innen befindet sich die intime Distanz, etwas weiter außen die persönliche Distanz, noch etwas weiter die gesellschaftliche Distanz und schließlich als äußerster Ring die öffentliche Distanz.

ABBILDUNG 12

Distanzzonen

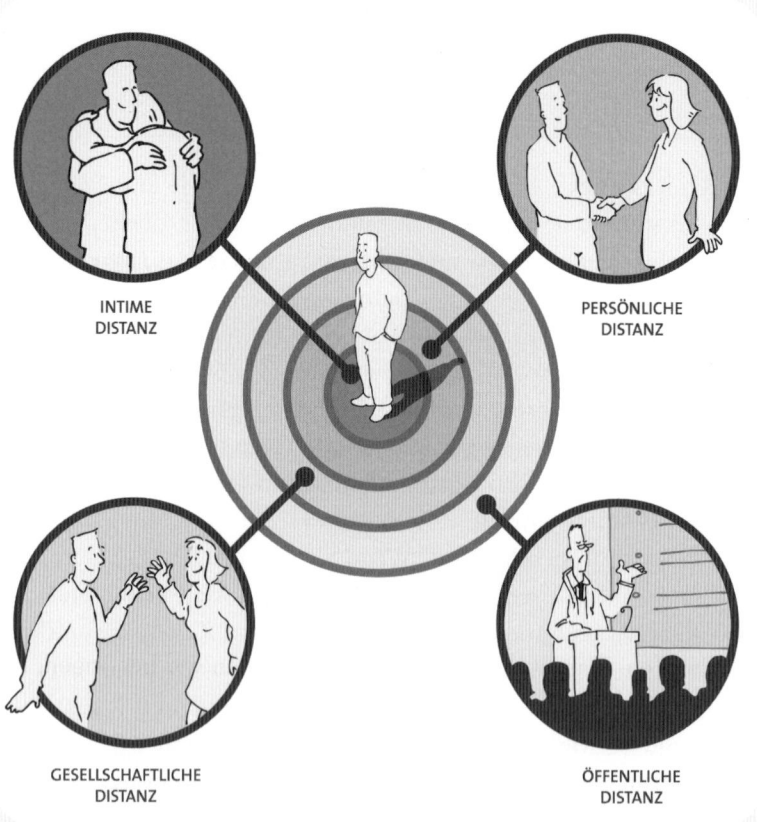

INTIME
DISTANZ

PERSÖNLICHE
DISTANZ

GESELLSCHAFTLICHE
DISTANZ

ÖFFENTLICHE
DISTANZ

Jede dieser Interaktionszonen wird bestimmt durch Normen, Erwartungen und konkrete Verhaltensweisen, die in der jeweiligen Zone stattfinden »dürfen«. Das Überschreiten der Grenzen erleben wir als »Distanzbruch« oder als ein »Zu-nahe-Kommen«. Für die meisten Menschen ist ein Distanzbruch unangenehm oder sogar bedrohlich, entsprechend reagieren sie in der Folge ablehnend oder aggressiv.

In der intimen Distanzzone darf sich nur aufhalten, wer von Ihnen die Erlaubnis hat, Sie anzufassen. In der Regel sind dies Familienmitglieder, Partner, Freunde und gute Bekannte. Bestimmte Situationen machen es notwendig, auch Fremde in diesem Bereich zu akzeptieren, obwohl wir uns damit schnell unwohl fühlen. Denken Sie an einen Fahrstuhl, überfüllte Straßenbahnen und Busse oder einen Kinobesuch. Wenn wir die räumliche Nähe als unangenehm empfinden, ihr aber nicht ausweichen können, behelfen wir uns häufig damit, zumindest keinen Blickkontakt aufzunehmen. So gibt es in vielen Fahrstühlen Spiegel, die Größe und Abstand vermitteln, und Fahrgäste starren beispielsweise minutenlang auf rote Ziffern oder wandernde Lichtzeichen von einer Etage zur nächsten, damit sie den Mitfahrenden nicht in die Augen sehen müssen. In Straßenbahnen gibt es Werbung oder Kunst an den Wänden, in Zügen Zeitschriften. Und hätte man im Kino freie Platzwahl, würde niemand sich direkt neben den anderen setzen, sondern mindestens einen Platz frei lassen. Wir erlauben auch bestimmten Berufsgruppen, uns nahe zu kommen: Friseuren, Ärztinnen oder Physiotherapeuten. Beim Gesellschaftstanz wird ebenfalls die Erlaubnis gegeben, in diesen Bereich einzutreten. Die intime Distanz ist die, in der wir am verletzlichsten sind. Angreifer werden uns meist mit ihren Händen gefährlich. Dafür müssen sie uns nahe kommen. Deswegen sind wir vorsichtig und fühlen uns nur mit vertrauten oder anderen »sicheren« Menschen wohl.

Intime Distanz (bis ca. 50 cm)

In der persönlichen Distanzzone finden die in unseren Breiten übliche Begrüßung mit Handschlag oder Alltagsgespräche statt. Es ist der Kreis, den man um sich zieht, wenn beide Personen den Arm ausstrecken. Das ist der geringste Abstand, den wir benötigen, um uns mit fremden Menschen sicher zu fühlen. Da die Gefahr oft von den Händen ausgeht, ist es gut, außerhalb der Reichweite anderer Personen zu bleiben. Das ist der Abstand der persönlichen Distanz.

Persönliche Distanz (ca. 50 bis 100 cm)

Gesellschaftliche Distanz (ca. 100 bis 300 cm)

Der klassische Tagesgruß ohne Handschlag sowie Gespräche mit klaren Statusunterschieden finden in der sogenannten gesellschaftlichen Distanzzone statt. Achten Sie einmal darauf, wie groß der Abstand zwischen Ihnen und Ihrem Chef beim Mitarbeitergespräch ist. Die meisten Kundengespräche finden ebenfalls in diesem Abstand statt. Versuchen Sie doch einmal herauszufinden, wie groß der Abstand zwischen Ihnen und Ihren Kunden sein sollte, damit Sie sich richtig wohl und sicher fühlen.

Öffentliche Distanz (ca. 360 cm und mehr)

Die öffentliche Distanz beträgt meist mehr als drei Meter. Sie begegnen ihr bei Vorträgen, auf Theaterbühnen oder wenn sich Fremde auf einer breiten Straße begegnen. Achten Sie einmal darauf, für wie viel Abstand an roten Teppichen oder bei Papstbesuchen gesorgt wird. In dieser Distanzzone haben Sie keinen persönlichen Kontakt mehr zu der anderen Person.

Die Distanzbedürfnisse variieren zwischen den Kulturen. In vielen lateinamerikanischen und südlichen Ländern ist das Distanzbedürfnis geringer als in Mittel- und Nordeuropa, alle Zonen sind dort etwas enger. In vielen asiatischen Ländern ist das Distanzbedürfnis größer.

Die Gast-Haltung – Schritt für Schritt

In unseren Breiten gelten sowohl für den Gast wie auch den Gast-geber für die ersten Augenblicke eines Besuches weitestgehend fest-gelegte, wenn auch unausgesprochene Regeln. Das Begrüßungsri-tual klärt von vornherein die Rollen zweier Menschen. Sie können dieses Ritual bewusst für sich einsetzen. Zum einen, um die Rol-lenverteilung im Büro deutlich zu machen, zum anderen, um für Ihre Sicherheit zu sorgen. So schaffen Sie für beide Seiten Klarheit und Vorhersehbarkeit.

Hier die einzelnen Schritte dieses Rituals und ihre Bedeutung:

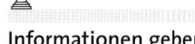

Informationen geben

ABBILDUNG 14

Sie bitten Ihre Klienten herein.

Tür öffnen und aufhalten: Es ist Ihr Büro und Sie sind »Gastgeber«, haben also das Sagen. Sie haben gleichzeitig die Möglichkeit, Ihren Kunden genau zu betrachten. In welcher Stimmung kommt er oder sie? Ist er alkoholisiert? Berauscht? Bereits erregt oder gar aggres-siv? Welche Gegenstände trägt er am Körper? Achten Sie auf Werk-zeuge, Messer oder das berühmte Multitool, das Männer gerne am Gürtel tragen. Ist ein Hund dabei? Kommt der Kunde allein oder zu mehreren? All diese Informationen erfordern Ihre Aufmerksam-keit und entsprechende Entscheidungen: Führen Sie das Gespräch überhaupt? Und wenn ja, wo führen Sie es: im Büro oder direkt auf dem Gang? Es ist leichter, ein Gespräch direkt im Gang zu been-den, anstatt jemanden wieder aus dem Büro »hinauszuwerfen«.

Blickkontakt aufnehmen: Ihr Lächeln oder Ihr ernstes Gesicht signalisiert Ihrer Kundin sofort, in welcher Stimmung Sie sind, ob sie sich sicher fühlen darf wie bei einem Lächeln oder ob sie sich auf schlechte Nachrichten, z. B. die Ablehnung eines Antrags, einstellen muss. Sie entscheiden, was Sie signalisieren wollen.

Mit dem Blickkontakt drücken Sie grundsätzlich Ihr Selbstbewusstsein und eigenes Sicherheitsgefühl aus. Falls es Ihnen schwerfällt, dem Blick anderer standzuhalten, verraten wir Ihnen einen kleinen Trick: Schauen Sie auf die Nasenwurzel Ihres Gegenübers. Für andere sieht das so aus, als würden Sie ihnen in die Augen schauen, und für Sie ist es lange nicht so unangenehm, wie jemandem für längere Zeit, also einige Sekunden, direkt in die Augen zu schauen. Wichtig ist, den anderen nicht anzustarren. Gleichzeitig gilt: Wer zuerst den Blick senkt, erkennt seine Unterlegenheit an. Deswegen ist es vorteilhaft, wenn Sie als Mitarbeiter dieses »Augenduell« gewinnen.

Begrüßen und hereinbitten: Sie entscheiden, wer Ihr Büro betreten darf. Sie demonstrieren Ihre Macht als Gastgeber. Gerade im Moment des Hereinbittens befinden sich Kunden in der Rolle des Gastes. Mit der Begrüßung signalisieren Sie, dass Sie Ihre Rolle als Gastgeber ernst nehmen und sich ihrer bewusst sind. Ob Sie Ihrem Kunden die Hand schütteln oder nicht, bleibt Ihnen überlassen. Bei kurzen Kundenkontakten, wie etwa im Bürgerbüro oder auf der Zulassungsstelle, ist Händeschütteln nicht üblich. Bei wiederkehrenden Kundenkontakten, wie im Sozialamt oder Jugendamt, können Sie damit zusätzlich Ihre Wertschätzung ausdrücken. Ein fester Händedruck signalisiert Selbstbewusstsein.

ABBILDUNG 15

Vorbeigehen lassen und beobachten

Vorbeigehen lassen und beobachten: Während der Kunde an Ihnen vorbeigeht und Sie die Tür schließen, können Sie ihn weiter beobachten, seine Stimmung einschätzen und auf Ihr Bauchgefühl, Ihren Gefahrenradar, achten.

Bauchgefühl

Einen Stuhl anbieten: Sie können Ihren Klientinnen und Klienten einen konkreten Stuhl anbieten oder Sie lassen ihnen die Wahl. Das hängt ganz davon ab, was Sie erreichen wollen. Wenn Sie einen Platz anbieten bzw. zuweisen, unterstreichen Sie nochmals Ihre Gastgeber-Rolle. Wenn Ihr Kunde sich einen Sitzplatz aussuchen darf, gibt ihm das mehr Freiheit und damit Sicherheit. Sie entscheiden von Kunde zu Kunde und von Situation zu Situation.

Entscheiden lassen

ABBILDUNG 16
Bleiben Sie noch einen Moment stehen.

Nach dem Klienten Platz nehmen: Wenn Sie nach Ihrem Klienten Platz nehmen, ist das einerseits ein Ausdruck von Höflichkeit; im privaten Umfeld würde nun die Frage danach kommen, was man seinem Gast anbieten darf. Andererseits stehen Sie einen Moment »über« ihm und demonstrieren damit Ihre Führungsposition.

Gespräch beginnen: Sie eröffnen das Gespräch bzw. fragen nach dem Anliegen.

Kleider machen Leute

Die augenfälligste und wichtigste Wirkung einer Uniform ist deren Signalfunktion. Bei Schaffnern, Polizistinnen, Feuerwehrleuten, Rettungssanitätern, Bedienungen oder Soldaten kann man sofort erkennen, welche Rolle die Person in der Uniform innehat. Auch jenseits von Uniformen signalisiert die Kleidung gemeinsam mit unserem Verhalten, wer wir sind und wie wir uns sehen. Es macht einen Unterschied, ob Ihre Kleidung gebügelt, neuwertig und ordentlich ist, ob es sich z. B. um eine Stoffhose zu Hemd und Krawatte oder um eine Jeans zu einem T-Shirt handelt. Achten Sie einmal bewusst bei Ihren Kunden auf deren Kleidung und darauf, welche Schubladen Sie entsprechend der Kleidung aufmachen: der typische Hartz-IV-Empfänger, der typische Nörgler, die typische Tussi, die Geschichten erzählende Oma, der Junkie, der windige Schwätzer, die Heulsuse. In welche Schublade wollen Sie von Ihren Kunden gesteckt werden? Möchten Sie als ein unsicherer Nachgeber, als Möchtegern-Jüngling, als seriöser Mitarbeiter, selbstbewusste Sachbearbeiterin oder als graue Maus gesehen werden?

ABBILDUNG 17 a + b

Informelle und
formelle Kleidung

Wir empfehlen für Arbeitsbereiche bei einer Behörde für die Herren saubere Hosen ohne Löcher (auch wenn es gerade Mode ist) sowie ein Hemd mit oder ohne Sakko. Strickjacken gehören ebenso wie bedruckte und verwaschene T-Shirts nach Hause, es sei denn, Sie arbeiten als Sozialarbeiter auf der Straße und wollen ganz bewusst nicht von Ihren Kunden zu unterscheiden sein. Für die Damen empfehlen wir saubere Hosen ohne Löcher oder wahlweise Röcke, die mindestens knielang sein sollten. Miniröcke und enge Röcke gehören in den Freizeitbereich. Blusen und Oberteile sollten seriös wirken. Zu viel Haut und Glitzer lenken ab.

Oben sehen Sie ein Beispiel für seriöse Kleidung entsprechend unseren Vorschlägen.

Aggression und Gewalt rechtzeitig erkennen

»Und plötzlich ist er ausgerastet«, sagen Teilnehmer in unseren Veranstaltungen immer wieder, wenn sie von eigenen beruflichen Erfahrungen mit Gewalt berichten. Wir sind der Auffassung, dass dieses »plötzliche Ausrasten« so gut wie nie vorkommt. Eine Situation, die wir als überraschend akzeptieren, ist so auf einem Sozialamt geschehen: Die Mitarbeiterin steht vor ihrem Regal und sortiert eine Akte ein, als die Tür zu ihrem Büro aufgerissen wird, ein Mann auf sie zu stürmt, ihr eine Ohrfeige gibt und im nächsten Augenblick wieder draußen ist. Das ist plötzlich. Hier konnte die Mitarbeiterin nicht vorbereitet sein.

»Nichts passiert aus heiterem Himmel, es sei denn,
man kennt das Wetter nicht.« (ULRICH ELBING, 2003)

Alle anderen Situationen, die uns bislang in unseren Seminaren geschildert wurden, waren vorhersehbar – wenn man weiß, worauf man achten sollte. Darum wird es in diesem Kapitel gehen.

Aus unserer Erfahrung entwickeln sich Konflikte auf Ämtern, die in tätlicher Gewalt enden, fast immer im Kontakt mit Sachbearbeitern. Nur ganz selten stürmen Klientinnen und Klienten ein Büro und werden handgreiflich, ohne dass sie vorher mit einem Mitarbeiter gesprochen haben.

Werte und
Erwartungen:
In meinem Büro
bin ich sicher.
Stimmt das?

Aus Ihrer Erfahrung wissen Sie, dass die meisten Kunden friedlich und umgänglich sind. Daher besteht bei Ihnen vermutlich die Erwartung, in Ihrem Büro sicher zu sein. Sie sind sich dieser Erwartung nicht immer bewusst, aber Sie handeln entsprechend. Achten Sie einmal darauf, ob Sie nach einem Gespräch sagen können, was Ihr letzter Kunde anhatte, welche Farbe seine Kleidung hatte, aus welchem Material sie war. Wir blenden Informationen aus, die wir für irrelevant halten. Das ist gut so, sonst wären wir wegen der Reizüberflutung nicht mehr handlungsfähig, würden zu viele Informationen auf einmal beachten und wüssten schließlich nicht mehr, wo uns der Kopf steht.

Spitzt sich ein Gespräch aber immer mehr zu, dann ist es gut, wenn Sie einschätzen können, ob Ihr Gegenüber schon »am Kochen« ist. Wenn die Gesprächsatmosphäre immer angespannter wird, sollten Sie nach Hinweisen suchen, die Ihnen verraten, in welchem Zustand sich Ihr Gesprächspartner befindet. Wir unterscheiden nur drei Zustände, die sich als relevant herausgestellt haben:

1. Tritt die Person selbstsicher auf? Sie weiß, was sie will, und hat es mit großer Wahrscheinlichkeit nicht nötig, andere zu manipulieren oder anzugreifen.

2. Tritt die Person unsicher auf? Es bestehen zwei Möglichkeiten, je nachdem, welche Strategie die Person für Erfolg versprechend hält: Sie wird sich ihrem Gegenüber entweder unterordnen oder zu aggressivem Verhalten neigen und angreifen.

3. Tritt die Person aggressiv auf? Sie fühlt sich unterlegen, bedroht oder hilflos. Sie wird mit einiger Wahrscheinlichkeit auf diese Gefühle mit Wut und in der Folge mit aggressivem Verhalten reagieren, sei es verbal oder in Form von Tätlichkeiten.

In welchem Zustand Ihre Kundin sich befindet, können Sie herausfinden, indem Sie sie genau beobachten. Sie beobachten den Kunden, wenn er kommt. Sie schauen ganz besonders hin, wenn Sie spüren, dass die Stimmung sich verändert, und Sie hören auch auf Ihr ♖ Bauchgefühl.

Merkmale sicheren
Auftretens

Eine Person macht dann einen sicheren und selbstbewussten Eindruck auf uns, wenn sie einen sicheren Stand hat, also mit beiden Beinen auf dem Boden steht, das Gewicht gleichmäßig verteilt. Jemanden, der so steht, haut so schnell nichts um. Die Person steht aufrecht, Ihnen zugewandt und kann Ihrem Blick auf angenehme Weise standhalten. Die Körperhaltung wirkt offen, die Hände sind ruhig oder unterstreichen das Gesprochene. Insgesamt wirkt die

Körperhaltung entspannt und gelassen. Im Sitzen ist sie zugewandt, kann den Blickkontakt halten, sitzt aufrecht und hat die Hände auf dem Schreibtisch.

ABBILDUNG 18
Sicheres Verhalten

Die Stimme einer sicheren Person ist fest, melodisch und mit angemessener Sprechgeschwindigkeit, genauso ist sie der Lautstärke der Umgebung angemessen. Auf der sprachlichen Ebene erkennen Sie eine sichere Person daran, dass sie Ich-Formulierungen verwendet. Sie spricht deutlich, in ganzen, in sich logischen Sätzen und verwendet übliche Höflichkeitsformen. Sie reagiert offen auf Humor und kann ihr Anliegen verständlich und strukturiert vorbringen.

Merkmale
unsicheren
Auftretens

Eine Person wirkt unsicher auf uns, wenn sie in einiger Entfernung von uns bleibt, also einen größeren Abstand sucht, als in solch einer Situation üblich ist (siehe ☐ Soziale Distanz, S. 102). Blickkontakt wird eher vermieden, der Blick ist auf den Boden gerichtet oder wandert unruhig umher. Im Sitzen rutschen unsichere Personen häufig nervös auf dem Stuhl herum. Die Person fühlt sich unwohl. Sichtbar wird dies durch eine oder mehrere der folgenden Verhaltensweisen: Erröten, Erblassen, Wippen mit den Füßen, Spielen mit den Händen oder Gegenständen, Nägel kauen oder verlegenes Haaredrehen. Verschränkte Arme oder eine eher abgewandte, fluchtbereite Körperhaltung sind ebenfalls Hinweise auf Unsicherheit.

ABBILDUNG 19
Unsicheres Verhalten

Die Stimme einer unsicheren Person ist eher leise, nuschelnd oder zittrig. Antworten kommen eher stockend, manchmal sogar stotternd. Wortendungen werden verschluckt, Sätze nicht ausformuliert. Höflichkeitsformen wirken mitunter übertrieben unterwürfig. Verlegenheitslaute wie »äh«, »hm« oder »ähm« finden sich häufig, genauso wie »eigentlich« und »würde, könnte, wäre möglich, vielleicht«. Zu viele und oft falsch eingesetzte Fremdwörter können auch auf eine Unsicherheit hindeuten, genauso, wenn Menschen um den heißen Brei herumreden oder sich ständig wiederholen. Unbestimmte Formulierungen mit »man« weisen ebenfalls darauf hin, dass Ihr Gegenüber sich seines Standpunktes nicht sicher ist.

Merkmale
aggressiven
Auftretens

Eine Person erscheint uns aggressiv, wenn sie uns zu nahe kommt und damit die angemessene Distanz unterschreitet. Die gesamte Haltung wirkt bedrohlich, wenn die Person sich »aufplustert«, groß macht, indem sie sich nach vorn beugt und mit ihrem Körper möglichst viel Platz einnimmt, Ihnen vielleicht sogar den Fluchtweg versperrt. Der ganze Körper ist angespannt, die Hände sind oft unbewusst schon zu Fäusten geballt oder werden in drohenden Gesten wild bewegt. Beleidigende Gesten tauchen früher oder später auf (z. B. Vogel zeigen, Stinkefinger). Der Blick wird fixierend, starrend. Die Augen sind zusammengekniffen.

ABBILDUNG 20
Aggressives Verhalten

Der ganze Körper zeigt die Auswirkungen der Stressreaktion: roter Kopf, angespannte Kaumuskeln, pulsierende Halsschlag-, Stirn- oder Schläfenadern, schnelle Atmung. Schaum vor dem Mund bzw. Speichel in den Mundwinkeln oder eine »feuchte« Aussprache werden nicht umsonst mit Wut in Verbindung gebracht. All dies sind Anzeichen dafür, dass die Wut des Klienten oder der Klientin sich auf Sie entladen könnte.

Es gibt allerdings Menschen, die sehr wütend und dennoch leise sind. Für Sie ist der »leise Typ« gefährlicher, weil Sie die Anzeichen für das innere Kochen leichter übersehen können. Aber auch dann können Sie bestimmte Vorzeichen beobachten: ein gefährliches oder höhnisches Lächeln und die stillen Anzeichen der Stressreaktion, vor allem die beschleunigte Atmung und das Pulsieren der Blutgefäße sowie die Anspannung im Körper. Ihr Bauchgefühl wird Sie warnen.

Eine Person kann kurz vor einem Angriff sehr laut sein und schreien, bis sich die Stimme überschlägt. Die Sätze klingen schnell, abgehackt, werden wenig moduliert, klingen gepresst oder befehlend. Im Fall des still Köchelnden wird die Stimme dagegen immer leiser, geradezu gefährlich leise mit bedrohlichem Unterton. Häufig wechseln Personen kurz vor einem Angriff vom »Sie« ins »Du«. Es werden Forderungen gestellt. Wütende Personen wiederholen vie-

Stress, S. 90

Bauchgefühl

Vorzeichen eines Angriffs finden sich häufig in der Sprache.

les, pauschalieren, generalisieren und formulieren einen Vorwurf nach dem anderen. Die Sätze werden kürzer, bis nur noch Befehle oder Beleidigungen und Bedrohungen übrig bleiben. Sie werden kaum noch zu Wort kommen, dürfen nicht ausreden und werden immer wieder abgewertet. Für uns ist es immer wieder beeindruckend, wie viele Schimpfwörter es gibt.

☞
Behalten Sie die Hände Ihres Gegenübers im Blick.

Zusammenfassend lässt sich sagen, dass Sie klare Anzeichen dafür haben, wann eine Person gefährlich werden kann. Nämlich dann, wenn ein Mensch zumindest einen Teil der Verhaltensweisen an den Tag legt, die wir in den letzten Abschnitten beschrieben haben. Wirklich gefährlich wird es erst, wenn die Person in »Reichweite« kommt, also in Ihre intime Distanzzone (🕮 Soziale Distanz, S. 102) eindringt. Gefährlich können uns in erster Linie die Hände werden, daher sollten Sie sie besonders im Auge behalten, wenn die Erregung in der Situation steigt.

Zusätzlich können Sie sich die Inhalte dieses Kapitels selbst zunutze machen. Denn eine freundliche und selbstsichere Ausstrahlung wirkt deeskalierend. Kriminalpsychologen betonen, wie wichtig es ist, vom Gegenüber als aufrichtig, selbstsicher, ehrlich, aufgeschlossen, aktiv, reaktionsbereit, klug und intelligent wahrgenommen zu werden. Das erzeugt selbst bei vielen Gewaltbereiten Respekt. Insofern können Sie allein vor dem Spiegel oder mit Kollegen einüben, wie Sie sicher wirken. Achten Sie beim nächsten Gespräch – egal mit wem – darauf, wie Sie stehen oder was Ihre Hände machen. Stehen Sie aufrecht? Brust raus, die Schultern hinten? Reden Sie zu schnell oder zu langsam? Können Sie Blickkontakt halten? Mögen Sie lieber einen größeren Abstand? Fragen Sie ruhig Ihre Kolleginnen und Kollegen, wie Sie wirken und woran es liegt. Sie können es ändern und werden verblüfft feststellen, dass sich ein Gefühl von Sicherheit in Ihnen ausbreiten wird, wenn Sie mit beiden Beinen auf dem Boden stehen und das Gewicht gleichmäßig verteilen.

☞
Eskalierende Situationen sollten Sie so früh wie möglich verlassen.

Denken Sie immer daran: Je früher Sie eine eskalierende Situation, sprich: den sich anbahnenden Konflikt, erkennen, desto früher sollten Sie aussteigen.

Wie die Gewaltspirale zeigt, ist es zu Beginn eines Konfliktes relativ einfach, ihn zu beenden. Je länger ein Konflikt andauert, desto schwieriger wird der Ausstieg.

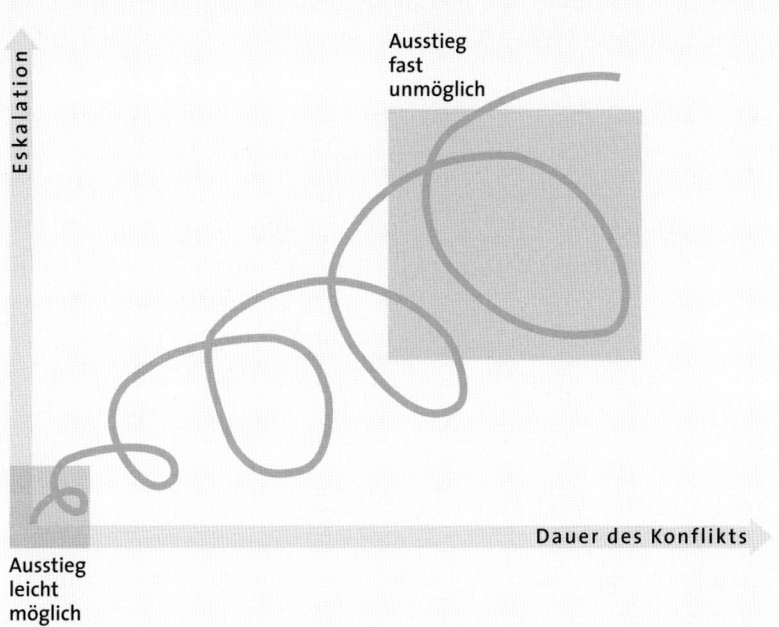

Eskalation

Ausstieg
fast
unmöglich

Dauer des Konflikts

Ausstieg
leicht
möglich

ABBILDUNG 21
Die Gewaltspirale

Je früher Sie eine Konfliktsituation und die Gefahr einer Eskalation erkennen, desto weniger besteht die Gefahr, darin verwickelt zu werden. Je länger Sie sich im Magnetfeld des Täters, seiner persönlichen oder gar intimen Distanzzone befinden, desto schwieriger wird ein Ausstieg. Grundsätzlich trägt jeder zunächst selbst die Entscheidung, sich in einen Konflikt verwickeln zu lassen oder nicht. Befinden Sie sich nicht im Magnetfeld des Täters bzw. erkennen eine Konfliktsituation frühzeitig, ist ein einfacher und gewaltfreier Konfliktausstieg möglich. Lassen Sie sich an den Täter binden oder erkennen eine Situation zu spät oder gar nicht, ist die Gefahr groß, Opfer zu werden. Sie nehmen dem Täter die Regie aus der Hand, indem Sie frühzeitig laut werden und Öffentlichkeit schaffen. Damit ist ein früher und leichter Konfliktausstieg möglich. Gewalt entsteht immer im Kontext zwischenmenschlicher Interaktionen und kann häufig verhindert werden, indem an der Interaktion beteiligte Personen Distanz herstellen oder sich entgegengesetzt zu den Erwartungen der aggressiven Person verhalten. Wenn eine Person vor Ihnen steht, sich auf Sie zubewegt und Sie mit Worten provoziert, können Sie schnell einige Schritte zurückgehen und dann laut werden: »Halt, stopp, lassen Sie mich in Ruhe!« Oder: »Halt, stopp, lassen Sie das, ich will das nicht!« Damit stellen Sie Distanz her, Sie kommen durch Ihr Handeln in

Soziale Distanz,
S. 102

eine selbstbestimmte und hierarchisch gleichwertige Situation. Sie übernehmen die Regie und durchkreuzen so das Vorhaben der Person.

☞

Flüchten ist besser als kämpfen!

Die erste Erregung können Sie also leicht durch eine kurze Unterbrechung auffangen und dann vielleicht sogar Ihren Termin fortführen und zu einem guten Ende bringen. Aber hat der Kunde Sie erst einmal im Schwitzkasten oder eine Waffe im Anschlag, können Sie nicht so einfach gehen, und die Folgen können für alle Beteiligten weitreichend sein: Gefängnis für den Angreifer, Albträume oder eine psychische Störung bis hin zur Arbeitsunfähigkeit für Sie. Also denken Sie immer daran: Flüchten ist besser als Kämpfen.

Sicherheit am Arbeitsplatz

Schauen Sie sich doch einmal in Ihrem Büro bzw. an Ihrem Arbeitsplatz um und überlegen Sie: Welche Gegebenheiten und welche Gegenstände können Ihnen gefährlich werden? Was können und sollten Sie verändern?

Räumliche und technische Sicherheit

Deeskalation beginnt bei der Vorbereitung.

Ihre Sicherheit und was Sie dafür tun können, fängt bei der Tür zu Ihrem Büro an: Eine Bürotür, die außen mit einem Knauf und innen mit einer Klinke versehen ist, verhindert, dass ungebetene Klientinnen in Ihr Büro kommen, da die Tür von außen nur mit einem Schlüssel geöffnet werden kann. Ein Büro mit einer Verbindungstür zum nächsten Raum ist von Vorteil, aber nicht immer vorhanden. Sollten Sie an Ihrem Arbeitsplatz über eine solche Tür verfügen, lassen Sie diese Tür offen, wenn Sie wissen, dass Sie einen Termin mit einem Ihnen bekannten schwierigen Kunden haben. Ihre Klienten können direkt erkennen, dass noch jemand anwesend ist, der Ihnen zu Hilfe eilen kann.

ABBILDUNG 22
Fluchtwege im Büro

Machen Sie sich klar, wo Ihre Fluchtwege sind. Durch welche Tür können Sie fliehen, wenn es brenzlig wird? Wo ist der nächste Kollege, wo der Notfallknopf, wenn vorhanden? Wenn Ihre Fluchtmöglichkeiten eingeschränkt sind, platzieren Sie Ihren Regenschirm so, dass Sie ihn leicht erreichen und sich im Notfall einen Angreifer vom Leib halten können.

Wählen Sie Ihre Sitzposition so, dass Sie näher zur Fluchttür sitzen als Ihre Klienten; Ihr Fluchtweg sollte nicht durch Hindernisse versperrt werden. Die Tür darf nicht verschlossen sein. Vergegenwärtigen Sie sich immer wieder, in welche Richtung sich die Fluchttür öffnen lässt. Türen, die auf einen Flur münden, gehen meist nach innen auf, das heißt, Sie müssen beim Öffnen der Tür Abstand halten! Machen Sie sich diesen Umstand immer wieder bewusst.

📖
Mentales Training,
S. 84

ABBILDUNG 23

Unsichere und sichere
Sitzpositionen

Vergessen Sie die Vorstellung, bei einem tätlichen Angriff aus dem Fenster zu springen. Ein Fenster ist als Fluchtweg nicht geeignet, auch wenn Fenster im Brandfall häufig als solche ausgewiesen sind. Der Unterschied ist, dass Sie bei Feuer in der Regel viel mehr Zeit für Ihre Flucht haben als bei einem Angriff. Unter Stress schränkt sich Ihre Wahrnehmung ein. Womöglich übersehen Sie den Fenstergriff, das Öffnen des Fensters benötigt Zeit und über oder auf die Fensterbank zu steigen, dauert noch länger. Stattdessen kann ein Tisch oder ein Stuhl im Notfall als Barriere für den Angreifer verwendet werden. Dem Angreifer vor die Füße gestoßen, verschafft er Ihnen die Zeit zur Flucht. Auch dies können Sie in Ihr mentales Training (☐ S. 84) einbauen.

☞ Potenziell gefährliche Gegenstände außerhalb der Reichweite von Klienten aufbewahren.

Alltagsgegenstände wie Schere, Brieföffner, Locher, Hefter, Kundenkugelschreiber mit einem schwerem Fuß als Halterung, Kugelschreiber aus Stahl, Blumentöpfe, Glasbonbonniere oder ein Schirm können zu Waffen werden, die schwere Verletzungen verursachen können. Sie sollten aus der unmittelbaren Reichweite von Klienten entfernt werden. Der Griffbereich ist jener Raum, der im Sitzen – ohne sich groß zu bewegen – mit den Händen erreicht werden kann. Unter Stress werden angreifende Personen den nächstbesten Gegenstand aus diesem Bereich wählen. Schauen Sie sich die folgende Abbildung an: Welche Gegenstände könnten Ihnen gefährlich werden?

ABBILDUNG 24
Gefährliche
Gegenstände am
Arbeitsplatz

An einer Krawatte, einem Schal, Halsketten oder einem Lederband kann gezogen oder gewürgt werden. Schuhe mit hohen Absätzen schränken die Beweglichkeit und schnelles Laufen ein. Ledersohlen auf Parkett oder Linoleum sind nicht rutschfest.

Haben Sie ein fest installiertes Notrufsystem?

Als wirksam erachten wir das »Sachbearbeiterin-hilft-Sachbearbeiter-System«. Sofern die räumlichen Möglichkeiten es zulassen, wird die Hilfe über lautes Reden, Schreien oder ein technisches Notrufsystem herbeigerufen. Mit einer Trillerpfeife oder einem mobilen Notruftaster, der eine Sirene auslöst, können Sie offen Alarm schlagen. Werden Sie mit einer Waffe bedroht, dürfen diese Dinge nicht eingesetzt werden, da der Alarm bei aggressiven Kunden zu Kurzschluss- oder Panikreaktionen führen kann. In solchen Situationen ist ein stiller Alarm besser.

Technische Systeme sollten diesen Anforderungen entsprechen:

• Das Auslösen eines stillen Alarms über Telefon, PC oder verkabeltem Notruftaster muss einfach sein. Es sollte sich um einen einzelnen Knopf und nicht um mehrere Arbeitsgänge handeln. Wenn Sie »Strg + Alt + Entf, dann F7 und F10 gleichzeitig fünf Sekunden gedrückt halten« müssen, werden Sie es im Notfall nicht hinbekommen.

• Wird der Alarm ausgelöst, muss den zu Hilfe Eilenden sofort klar sein, wo die Hilfe benötigt wird.

Tragen Sie Kleidung, die Ihre Sicherheit erhöht und Sie beim Flüchten nicht behindert.

Testen Sie Notrufsysteme regelmäßig.

- Die Stelle, bei der ein Notruf eingeht, muss während der Öffnungszeiten ständig besetzt sein. Deswegen sind Systeme, bei denen der Alarm an mehreren Stellen eingeht, besser, als wenn nur der Sekretär der Chefin den Notruf bekommt.
- Die Technik sollte regelmäßig auf ihre Funktion überprüft werden. Durch unangekündigte Probealarme, die vierteljährlich ausgelöst werden, können die vereinbarten Hilfsmaßnahmen überprüft werden. Dies ist insbesondere für neue Mitarbeiter wichtig.

Entscheidend für den Erfolg des Notrufsystems ist, dass jeder Helfer weiß, wie er oder sie helfen kann.

Sicherheit durch Verhalten

Wenn Sie sich sicher fühlen, werden Sie sicher auftreten.

Schaffen Sie sich eine Umgebung, in der Sie sich wohlfühlen. Hängen Sie Urlaubsbilder oder Sinnsprüche auf, stellen Sie Pflanzen ans Fenster oder halten Sie Bonbons in einem Korb (keine Glasgefäße oder Keramik) bereit, ganz wie Sie mögen.

Ihre Kundinnen werden Ihre aktuelle Stimmung wahrnehmen und entsprechend reagieren (siehe S. 16). Machen Sie sich bewusst, wie Sie sich momentan fühlen, beispielsweise indem Sie an Ihrem Arbeitsplatz einen Zettel mit drei Smileys ☺ ☺ ☹ haben, anhand derer Sie sich kurz über Ihre aktuelle Stimmung Klarheit verschaffen.

Informationen geben

Versuchen Sie, Ihre Stimmung positiv zu beeinflussen: Machen Sie sich klar, dass es nicht an Ihnen liegt, wenn ein Kunde mit schlechter Laune kommt. Vergegenwärtigen Sie sich immer wieder Ihre wertschätzende Haltung. An einem Tag mit schlechter Laune können Sie zum Beispiel so lange in den Spiegel auf Ihr grimmiges Gesicht schauen, bis Sie lachen oder zumindest lächeln müssen. Ein echtes Lachen gibt dem Körper das Signal, dass die Stimmung sich wieder geändert hat. Wenn kein Witz, keine Aufmunterung, wenn einfach gar nichts hilft, dann können Sie immer noch so fair sein und Ihrem Kunden sagen, dass Sie heute schlechte Laune haben. Viele Kunden haben Verständnis dafür und verhalten sich rücksichtsvoller.

Versuchen Sie, langfristig eine positive Einstellung zu Ihrer Arbeit zu gewinnen. Das können Sie erreichen, indem Sie sich immer wieder verdeutlichen, was Ihnen an Ihrer Arbeit Freude macht. Für jene Dinge, die keine Freude machen, sollten Sie Veränderungen anstreben. Sie können sich fragen: Was passt mir nicht? Warum passt mir das nicht? Wie kann ich es ändern? Und dann ist ganz wichtig: Werden Sie aktiv, sprechen Sie es an, verändern Sie es!

Verschaffen Sie sich inhaltliche Sicherheit, indem Sie sich möglichst vor dem Erstkontakt schon die Akte der Kundin anschauen oder bei Kollegen Informationen einholen. Planen Sie den Vorgang vor dem Gespräch so weit es geht, um die Gesprächszeit so kurz wie möglich zu halten. Legen Sie sich eine Checkliste an, damit Sie nichts vergessen. Bei schwierigen Kunden und erhöhtem Stress passiert das besonders schnell.

📖
Stress, S. 90

Sorgen Sie für störungsfreie Gespräche: Schalten Sie das Telefon ab, hängen Sie ein »Bitte nicht stören«-Schild an die Tür oder aktivieren Sie das »Besetzt«-Zeichen einer Lichtanlage. Sie können außerdem im Team vereinbaren, dass Kollegen Sie nur im Notfall unterbrechen.

Verschaffen Sie sich unmittelbar vor einem schwierigen Kontakt Sicherheit, indem Sie Ihren Kollegen nebenan Bescheid geben, ein Ohr auf Ihr Büro zu haben. Wenn Sie sich dabei noch unwohl fühlen, fragen Sie eine Kollegin, ob sie während des Gesprächs anwesend sein kann, und stellen Sie so eine Überzahl her. Gehen Sie im Sinne des mentalen Trainings (siehe S. 84) noch einmal alle wichtigen Strategien durch, stellen Sie sich vor, was Sie tun, wenn die Situation eskaliert, z. B.: »Wenn die Kundin laut wird, dann gehe ich zum Kopierer. Wenn sie laut wird und aufsteht, stehe ich auch auf, trete zurück und schreie sie an: ›Ruhe. Sie verlassen sofort mein Büro. Sofort!‹ Dann greife ich zum Telefon, um Hilfe zu rufen.« Gehen Sie so entspannt wie möglich in ein schwieriges Gespräch, Sie können aktiv Entspannungstechniken einsetzen (siehe S. 62).

Sorgen Sie vor dem Besuch schwieriger Klientinnen für eine erhöhte Wachsamkeit bei Ihren Kollegen.

Zusätzlich können Sie den Fall im Team besprechen. Wenn alle Mitarbeiter und Kolleginnen ihre Erfahrungen zusammenbringen, werden Sie eine gute Lösung finden.

Fragen Sie Kollegen nach hilfreichen Strategien.

Achten Sie aus Sicherheitsgründen darauf, dass Sie nicht mehr als zwei Personen gegenübersitzen. Eine Dolmetscherin, ein Betreuer oder eine neutrale Begleitperson sind akzeptabel, der Familienclan oder eine Gruppe von Freunden nicht.

Es kann außerdem sehr nützlich sein, wenn die zuständige Polizeidienststelle über die genauen Örtlichkeiten der Ämter informiert ist. Wenn es bei Ihnen mehr oder weniger regelmäßig vorkommt, dass Sie wegen gewalttätigen Klienten die Polizei rufen müssen, kann eine persönliche Kontaktaufnahme hilfreich sein. Informieren Sie die Polizei, wenn Sie in ein anderes Gebäude oder ein anderes Stockwerk umziehen.

Notrufe absetzen

Damit die Polizei schnell und gezielt helfen kann, ist die Übermittlung eines kurzen, strukturierten und informativen Notrufs nach dem »6-W-Modell« erforderlich:

- Wer meldet?
- Wo geschah es?
- Was geschah?
- Wie viele Personen sind betroffen?
- Welche Verletzungen gibt es?
- Warten auf Rückfragen!

Sicherheit auf der Straße und in fremden Wohnungen

Einige unserer Seminarteilnehmer arbeiten in Bereichen, bei denen es erforderlich ist, dass sie auf der Straße unterwegs sind oder Hausbesuche machen, z. B. bei der Verkehrsüberwachung, als Hausmeister, auf Wertstoffhöfen, beim Grünflächenamt, auf dem Jugendamt oder bei sozialen Diensten. Prinzipiell gelten die gleichen Sicherheitsregeln wie im Büro. Auf der Straße unterwegs zu sein hat den Vorteil, dass Sie mehr Bewegungsfreiheit haben als in einem Büro. Eine brenzlige Situation zu verlassen ist leichter.

Kommunikation,
S. 93

Auf der anderen Seite sind Sie oft allein unterwegs. Dann ist es noch wichtiger, achtsam gegenüber möglichen Gefahren zu sein, klare Grenzen zu setzen und eindeutig zu kommunizieren.

Sowohl auf der Straße als auch in fremden Wohnungen ist ein Notrufsystem besonders wichtig. Wie bekommen Sie im Notfall Hilfe? Verwenden Sie ein Handy? Wenn Situationen eskalieren, ist das viel zu langsam. Bis Sie eine Verbindung haben, vergehen wertvolle Sekunden. Dennoch kann Ihnen ein Handy ein Gefühl von Sicherheit geben. Sie können sich beispielsweise von einem Kollegen während eines Hausbesuchs anrufen lassen, der nachhört, ob alles okay ist. Ein Mobiltelefon bietet Ihnen außerdem die Möglichkeit, die Polizei oder einen Krankenwagen zu rufen, wenn Sie Hilfe benötigen oder zu einer Notlage dazukommen.

Prinzipiell sollten Sie aus Sicherheitsgründen auf der Straße immer zu zweit sein. Wir wissen, dass das oft nicht der Realität entspricht: Budgetmangel, Personalmangel, zu viel Arbeit für zu wenig Angestellte. Diese Begründungen hören wir immer wieder, bis das erste Mal etwas passiert bzw. eine Kollegin verletzt wird.

In gänzlich fremde Wohnungen sollten Sie grundsätzlich nur zu zweit gehen. Sie kennen sich in der fremden Wohnung nicht aus, daher sind Ihre Fluchtmöglichkeiten eingeschränkt. Versuchen Sie, vorher abzuklären, wer alles in der Wohnung ist, wenn Sie kommen. Vereinbaren Sie mit Kollegen Kontrollanrufe mit einem Code, z. B. »Alles ist o. k.« (keine Gefahr) und »Alles ist in Ordnung« (Gefahr: Polizei verständigen!). Teilen Sie Ihren Kolleginnen mit, wohin Sie wann gehen und zu welcher Uhrzeit Sie zurück sein wollen. Denken Sie daran, sich nach Ihrer Rückkehr wieder zurückzumelden.

In einer Wohnung sollten Sie ganz besonders die Stimmung der anwesenden Personen beachten. Beginnt das Gespräch schon an der Tür gereizt, verschieben Sie den Termin und kommen Sie mit einem Kollegen zurück. Vertrauen Sie auf Ihr Bauchgefühl und verlassen Sie die Situation schon bei dem kleinsten Anzeichen von Gefahr.

Bauchgefühl

Sorgen Sie zuerst für sich und dann erst für andere. Sie sollten auf Ihrer Liste der wertvollste Mensch sein, dann kommen Ihre Familie und Freunde. Erst danach kommen Ihre Kunden. Ihre körperliche und psychische Gesundheit sind das Wertvollste, was Sie haben. Achten Sie darauf!

Ihre Gesundheit ist Ihr wichtigstes Gut. Achten Sie darauf!

Zusammenarbeit im Team –
Hallo, Vorgesetzte, Sie sind gefragt!

Damit die Zusammenarbeit mit schwierigen Kunden und Klientinnen möglichst reibungslos ablaufen kann, ist eine gute Abstimmung zwischen den Hierarchien unabdingbar. Kundinnen, die vom Chef bekommen, was ihnen die Sachbearbeiterin verwehrt, werden Vorgesetzten auch in Zukunft mehr Arbeit machen. Sie haben dann ja gelernt, auf diese Weise erfolgreich ihre Interessen durchzusetzen.

Einige Spielregeln erleichtern allen – Vorgesetzten und Sachbearbeiterinnen – die Zusammenarbeit:

- Kunden haben das Recht, einen Sachverhalt überprüfen zu lassen.
- Vorgesetzte haben das Recht, ihren Mitarbeitern grundsätzlich zuerst einmal zu vertrauen, und sollten das auch tun.
- Gehen Beschwerden von Kunden ein, dann hört die Vorgesetzte zunächst den Sachbearbeiter an und erst danach die Sicht des Kunden. So drückt sie Solidarität aus und signalisiert dem Kunden, dass sie ein Team sind.

Grenzen setzen

- Gibt es tatsächlich fachliche Missverständnisse, werden sie korrigiert und die Kundin wird über die Änderung informiert. Dann sollte eine Entschuldigung für die Unannehmlichkeiten selbstverständlich sein.
- Auf keinen Fall werden Sachbearbeiter im Beisein von Kunden zurechtgewiesen oder kritisiert. Das kann nach dem Kundenkontakt unter vier Augen besprochen werden.

- Sind die Entscheidungen der Sachbearbeiterin korrekt, ist die Beschwerde einer Kundin nicht gerechtfertigt, sollten sich Vorgesetzte ganz klar hinter ihr Team stellen. Der Kundin wird erklärt, dass die Sachbearbeiterin eine geschätzte Mitarbeiterin ist und eine korrekte Entscheidung getroffen hat. Die Entscheidung wird selbst dann nicht revidiert, wenn noch ein gewisser Spielraum vorhanden wäre. Gegebenenfalls wird die Kundin darauf hingewiesen, wo sie Widerspruch einlegen kann.

- Manche Menschen mit Migrationshintergrund haben ein Rollenverständnis von Mann und Frau, das sich deutlich von unseren Vorstellungen zur Gleichberechtigung unterscheidet. Beschwert sich ein Kunde, dass er nicht mit einer Frau zusammenarbeiten möchte, sollten Vorgesetzte an dieser Stelle deutlich Position für ihre Mitarbeiterinnen beziehen. Sie dürfen durchaus erwarten und einfordern, dass Menschen, die hier leben, sich unseren kulturellen Gepflogenheiten anpassen. Als Vorgesetzte sollten sie höflich, aber bestimmt, Ihren Kunden darüber aufklären, dass ihn keiner dazu zwingt, mit einer Sachbearbeiterin zusammenzuarbeiten, und er gerne auch wieder gehen darf. Weisen Sie ihn auf die entsprechenden Konsequenzen hin.

Ganz besonders wichtig für die Zusammenarbeit im Team ist, dass Vorgesetzte Solidarität mit ihren Sachbearbeitern signalisieren. Wenn das Vorgehen der Vorgesetzten für Mitarbeiter transparent ist, haben Kunden keine Möglichkeit, Vorgesetzte und Team gegeneinander auszuspielen. Der Vorteil für Vorgesetzte ist dann, dass es auf Dauer weniger Beschwerden geben wird und sie weniger Arbeit haben.

Psychische Störungen

Über psychische Erkrankungen bzw. psychische Störungen halten sich leider immer noch viele Vorurteile und Missverständnisse.

Viele Bücher sind dazu geschrieben worden. Die folgende Abbildung soll Ihnen einen Eindruck davon vermitteln, wie umfangreich dieses Gebiet ist und wie viele verschiedene Erkrankungen sich unterscheiden lassen. Die Hauptäste – Angststörungen, affektive Störungen, also Beeinträchtigungen des Gefühls, usw. – sind eine vollständige Aufzählung nach dem Diagnostischen und Statistischen Manual psychischer Störungen (APA, 1996). Nach dieser Aufteilung unterscheiden Psychiaterinnen und Psychologen auf der ganzen Welt die verschiedenen Erkrankungen. Eine Ebene tiefer wird es sogar noch genauer, z. B. wird die Posttraumatische Belastungsstörung zu den Angststörungen gezählt. Hier haben wir nicht jede einzelne Störung aufgeführt, sondern lediglich einige Beispiele, die wir zum Teil hier im Buch berücksichtigen oder von denen Sie vielleicht schon einmal gehört haben.

ABBILDUNG 25

Psychische Störungen: Welche gibt es und wie heißen sie?

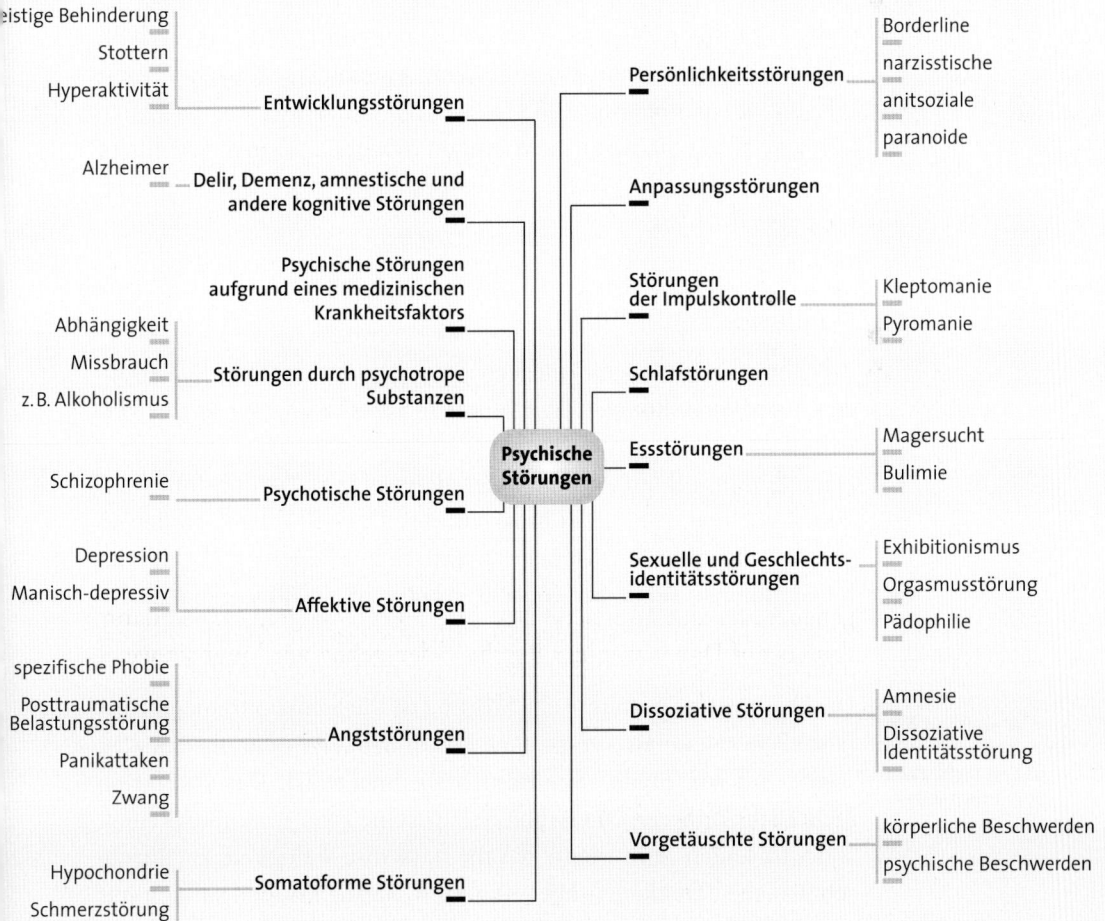

Keinesfalls geht es uns darum, dass Sie befähigt werden, eine zutreffende Diagnose zu stellen. Das ist Sache von Ärztinnen und Psychotherapeuten.

♖
Informationen geben

Vielmehr möchten wir mit Mythen, Vorurteilen und vor allem Unwissenheit aufräumen. Wenn Sie sich Ihrer Sache sicher sind und wissen, was zu tun ist, dann können Sie Ihre Arbeit prinzipiell am besten erledigen, und Ihre Kunden werden zufrieden nach Hause gehen. Das gilt für Menschen mit und ohne psychische Erkrankungen. Viele Menschen reagieren mit großer Unsicherheit, wenn sie mit psychischen Auffälligkeiten konfrontiert werden. Sie wissen nicht, womit sie rechnen müssen, wie sie reagieren können, und bekommen dann Angst. Dem wollen wir entgegenwirken.

In unseren Seminaren werden wir immer wieder nach bestimmten psychischen Störungen gefragt. Zu diesen Erkrankungen haben wir ein paar grundsätzliche Informationen zusammengestellt. Wir hoffen, dass Sie damit ein wenig besser verstehen, warum der jeweils betroffene Mensch sich auf eine bestimmte Art verhält. Gleichzeitig geben wir Ihnen ab Seite 52 einige praktische Tipps, wie Sie Menschen mit einer psychischen Erkrankung begegnen können. Wenn Sie noch mehr wissen möchten, können wir Ihnen das Standardwerk »Klinische Psychologie« von Davison u.a. (2007) empfehlen.

Psychotische Störungen

Psychotische Störungen sind vor allem geprägt durch **Halluzinationen, Wahnvorstellungen,** eine **verwirrte Sprache** und **verwirrtes Verhalten.**

Dazu kommt oft ein Absinken der allgemeinen Leistungsfähigkeit. Betroffene reagieren nicht mehr auf ihre Umwelt oder sprechen so gut wie nichts mehr. Manche zeigen wenige oder gar keine Gefühlsregungen mehr. Ihr Gesicht scheint regungslos, genauso regungslos können sie stundenlang irgendwo sitzen. Andere können unfähig sein, eine Tätigkeit anzufangen und durchzuhalten.

♖
Menschen mit
einer Schizophrenie
haben nicht zwei
Persönlichkeiten.

Die bekannteste psychotische Störung ist die Schizophrenie, die oft fälschlicherweise als »gespaltene Persönlichkeit« oder als das »Dr. Jekyll und Mr. Hyde«-Syndrom bezeichnet wird. Das stimmt so nicht. Schizophrene Menschen haben keine zwei Persönlichkeiten, sondern leiden zum einen daran, dass ihre Fähigkeit zu durchschnittlichen Denkleistungen abnimmt, häufig können sie sich nur ganz schlecht auf etwas konzentrieren. Zum anderen interpretieren ihre Sinnesorgane und ihr Gehirn die Informationen aus ihrer Umwelt – was sie hören, sehen, fühlen oder riechen – nicht so, wie dies »gesunde« Menschen tun. Daraus ergeben sich die vier Anzeichen, die für psychotische Störungen charakteristisch sind:

Halluzinationen: Die betroffene Person ist nicht in der Lage, Informationen aus ihrer Umwelt korrekt wahrzunehmen. Sie sieht, hört, schmeckt, fühlt oder riecht Dinge, die für alle anderen nicht oder nicht in der Intensität da sind. Bei psychotischen Störungen sind Halluzinationen im Bereich des Hörens besonders häufig. Betroffene hören Stimmen, die nur sie selbst wahrnehmen. Diese Stimmen sagen oft bedrohliche, unangenehme Dinge, z. B.: »Der Mann auf der anderen Straßenseite will dich umbringen«, oder die Stimmen setzen den Betroffenen herab und beleidigen ihn, sagen z. B.: »Du bist nichts wert.« Aber auch Halluzinationen der anderen Sinnesorgane kommen vor.

> Halluzinationen und Wahnvorstellungen werden von Betroffenen für absolut real gehalten. Es ist daher nicht sinnvoll, wenn man versucht, sie vom Gegenteil zu überzeugen.

Wahn: Menschen mit Wahnsymptomen sind nicht in der Lage, die Reize aus der Umwelt angemessen zu interpretieren. Das bedeutet, dass sie beispielsweise den Blick einer Sachbearbeiterin, die ihnen auf dem Flur entgegenkommt, als feindselig bewerten, obwohl niemand sonst diesen Blick so bewerten würde. Daraus kann dann ein Verfolgungswahn entstehen. Der Verfolgungswahn ist bei dieser Störung am häufigsten. Es gibt auch religiöse Wahnvorstellungen oder körperbezogene Wahnvorstellungen. Dann glauben Betroffene z. B., dass ihnen eine fremde Macht alle Organe entnimmt und sie durch fremde ersetzt.

Verwirrte Sprache: Der Betroffene kann keinen klaren Gedanken mehr fassen und deswegen kann er sich nur schwer oder gar nicht mehr sinnvoll mit Ihnen unterhalten. Sie können die Verwirrung einer Klientin beispielsweise daran erkennen, dass sie auf keine Ihrer Fragen antwortet, von Thema zu Thema springt oder sogar nur in einem unverständlichen Wortsalat mit Ihnen spricht. Ein plötzlicher Wechsel zwischen ruhigen Ausdrucksformen und wütenden oder erregten Äußerungen ist ebenfalls möglich.

Verwirrtes Verhalten: Das Verhalten ist nicht zielgerichtet und im Sinne »gesunder« Menschen rational. Das hat beispielsweise zur Folge, dass ein Betroffener sich keine Mahlzeiten zubereiten kann, nicht in der Lage ist, sich um seine Hygiene zu kümmern, oder bei warmem Wetter zwei Wintermäntel trägt.

Menschen ohne psychotische Störung können ihre Aufmerksamkeit auf etwas Bestimmtes lenken und sich darauf konzentrieren. In dieser Zeit nehmen sie andere Dinge um sich herum kaum wahr.

Das kennt fast jeder: Während Sie einen interessanten Artikel lesen, bemerken Sie das Vogelgezwitscher vor dem Fenster nicht. Man geht davon aus, dass Menschen mit psychotischen Störungen die Fähigkeit, Reize aus ihrer Umwelt zu filtern, nicht (mehr) in ausreichendem Ausmaß haben. Sie werden von unendlich vielen Reizen überflutet und können sie deswegen auch falsch interpretieren. Man kann sich das so vorstellen: Für jeden gesunden Menschen ist ein Schnitt in den Finger kein überwältigender Schmerz, weil er seine Aufmerksamkeit und die Wahrnehmung des Schmerzes kontrollieren kann. Für einen Psychotiker kann sich dieser Schnitt in den Finger aber anfühlen, als würde ihm die Hand abgerissen, ein vergleichsweise heftiger und bedrohlicher Schmerz, auf den man entsprechend anders reagiert als auf einen Schnitt in den Finger. Ein anderes Beispiel wäre, wenn Sie sich vorstellen, in einer Disco vor den Boxen zu stehen und zu versuchen, sich zu unterhalten. Es wird Ihnen schwerfallen zu verstehen, was Ihr Gegenüber Ihnen sagen will, weil die Musik mit den Worten konkurriert. Jetzt können Sie sich diese Konkurrenz der Reize auf allen Sinneskanälen vorstellen. Malen Sie sich aus, Sie würden andauernd auf allen Kanälen mit Reizen befeuert, könnten nichts ausblenden. Da kann man leicht nachvollziehen, dass auch mal was schiefgeht.

Gewalttätiges Verhalten von Psychotikern ist selten.

Nur wenige Menschen mit einer Psychose werden gewalttätig. Wenn es geschieht, dann vor dem Hintergrund ihrer Wahnvorstellungen als Reaktion auf Frustrationen und Angst – genau wie bei »gesunden« Menschen auch. In den meisten Fällen sind Familienmitglieder von der Gewalt betroffen. Allerdings gehören die Gewalttaten von Menschen mit einer Psychose zu den Gewalttaten, die durch die Regenbogenpresse gehen, weil sie sehr bizarr sein können. Schaut man sich die Hintergründe der Tat im Detail an, dann stellt man jedoch nicht selten fest, dass sie im Wahnsystem der erkrankten Person schlüssig sind, z. B. ermordet ein junger Mann, der sich verfolgt fühlt, seinen Vater, weil dieser ohne zu klingeln und ohne das Wissen des jungen Mannes seine Wohnung betritt.

Schätzungsweise 0,5 bis 1 Prozent der Bevölkerung erkranken einmal im Laufe ihres Lebens an einer Schizophrenie. Insgesamt sind psychotische Störungen sehr selten.

KNUF, Andreas; GARTELMANN, Anke: (2010): Bevor die Stimmen wiederkommen: Vorsorge und Selbsthilfe bei psychotischen Krisen (2. Aufl.). Bonn: BALANCE buch + medien verlag.

Empfehlungen
zum tieferen
Verständnis

A Beautiful Mind – Genie und Wahnsinn (DVD, 2006). Erzählt wird die Geschichte von John Nash, einem Nobelpreisträger, der an einer psychotischen Störung erkrankt. Eindrucksvoll gespielt von Russell Crowe.

Borderline-Persönlichkeitsstörung

Menschen mit einer Borderline-Persönlichkeitsstörung leiden an einem extrem instabilen Selbstbild und erleben große Schwankungen in ihren Gefühlen und Beziehungen. Sie bemühen sich verzweifelt darum, nicht verlassen zu werden. Das kann bis zum Intrigieren gehen, um einen Freund oder Partner dazu zu bewegen, bei ihnen zu bleiben. Betroffene können jemanden spontan lieben und im nächsten Moment von Herzen hassen, wenn sie das Gefühl haben, von ihrem Gegenüber verlassen oder betrogen zu werden. Sie sind oft außerstande, Beziehungen über einen längeren Zeitraum zu führen.

Selbstmordversuche kommen nicht selten vor. Noch häufiger verhalten sich Menschen mit einer Borderline-Persönlichkeitsstörung so, dass sie sich selbst Schaden zufügen oder sogar verletzen, z. B. schneiden sie sich selbst, nehmen Drogen oder fahren extrem riskant und rücksichtslos Auto. Sie können euphorisch und im nächsten Moment ärgerlich oder traurig sein. Sie fühlen sich oft leer, neigen zu unangemessenen Wutausbrüchen oder auch zu körperlichen Auseinandersetzungen. Häufig haben Betroffene kein Gefühl für ihren Körper und leiden sehr darunter, dass sie sich nicht spüren können. Wenn ihre Verzweiflung darüber besonders groß wird, reagieren manche Betroffene mit selbstverletzendem Verhalten. So spüren sie wenigstens wieder irgendetwas.

Man vermutet, dass etwa 2 Prozent der Bevölkerung an einer Borderline-Persönlichkeitsstörung leiden.

Diese Persönlichkeitsstörung wird oft mit sexuellen und/oder körperlichen Gewalterfahrungen (und damit mit lebensbedrohlichen Vertrauensbrüchen) in der Kindheit in Zusammenhang gebracht.

Borderliner
haben extreme
Gefühls-
schwankungen.

KNUF, Andreas (2010): Gesundung ist möglich! Borderline-Betroffene berichten (3. Aufl.). Bonn: BALANCE buch + medien verlag.

Durchgeknallt – Girl, Interrupted (DVD, 2001). Hier spielen Winona Ryder und Angelina Jolie zwei junge Frauen in einer psychiatrischen Einrichtung, die sich darum bemühen, herauszufinden, wer sie sind.

Allein (DVD, 2006). Lavinia Wilson spielt eine junge Frau, die sich nach Liebe und Nähe sehnt und beides in schnellem Sex und abhängigen Beziehungen sucht. Als sich ein junger Mann in sie verliebt, ist sie hoffnungslos damit überfordert.

Depression

Depressionen wirken sich in erster Linie auf das Gefühlsleben aus. Menschen in einer Depression empfinden meist eine große Traurigkeit, sind ständig den Tränen nahe. Sie verlieren das Interesse oder die Freude an jeglichen Aktivitäten, auch an Dingen, die sie vor Beginn der Depression gerne gemacht haben. Es kann zu einer extremen Gewichtszunahme oder auch zum Gewichtsverlust kommen. Betroffene sind ständig müde oder aber sie können gar nicht schlafen. Manche sind ganz unruhig, andere wiederum sind extrem langsam in ihren Bewegungen. Die meisten Menschen, die an einer Depression erkranken, erleben sich als energielos, wertlos und haben starke Schuldgefühle. Es kann sein, dass sie langsamer denken, sich schlechter konzentrieren können und nur eingeschränkt entscheidungsfähig sind.

Eine Depression geht oft einher mit Gedanken an den Tod. Entsprechend ist die Selbstmordrate erhöht, etwa 15 Prozent der Menschen mit einer akuten Depression bringen sich um. Die Welt erscheint ihnen grau in grau und das kann man wörtlich nehmen. Im Kern fühlen sie sich mit allem überfordert: mit dem Alltag, dem Beruf, mit Beziehungen. Sie können nur schlecht für sich selbst sorgen, sind letztendlich auch damit überfordert.

Etwa 5 bis 9 Prozent der Frauen und etwa 2 bis 3 Prozent der Männer leiden derzeit an einer Depression. Damit gehört die Depression zu den häufigsten psychischen Erkrankungen.

GIGER-BÜTLER, Josef (2011): Sie haben es doch gut gemeint. Weinheim: Beltz.

Posttraumatische Belastungsstörung

Unter einem Trauma versteht man eine Verletzung, hier eine seelische Verletzung. Posttraumatisch bedeutet also, dass die Beschwerden nach einer seelischen Verletzung auftreten. Menschen mit einer Posttraumatischen Belastungsstörung, abgekürzt PTBS, sind oft Opfer von Gewaltverbrechen, haben Folter-, Flucht- und Kriegserfahrungen, sind Überlebende von sexueller und/oder körperlicher Gewalt oder sie haben andere Erfahrungen gemacht, die sie plötzlich mit dem Tod oder schweren Verletzungen konfrontiert haben, z. B. Autounfälle oder Naturkatastrophen.

Menschen mit einer PTBS durchleben ihre traumatische Erfahrung meist immer wieder. Manche müssen ständig daran denken, andere sehen vor ihrem inneren Auge dauernd die schrecklichen Bilder, z. B. vom Täter und der Tat. Oft simuliert der Körper dann die gemachte Erfahrung: Betroffene spüren die Schmerzen, haben Atemnot, hören Schreie oder Explosionen oder riechen erneut den Schweiß oder haben Spermageschmack im Mund. Im Extremfall können Betroffene nicht mehr zwischen der – sicheren – Gegenwart und der – lebensbedrohlichen – Vergangenheit unterscheiden. Das nennt man Flashback, also das Zurückfallen in die Erinnerung.

> Menschen mit einer Posttraumatischen Belastungsstörung durchleben immer wieder eine schreckliche Erfahrung.

Da die Erinnerungen so negative Gefühle auslösen wie Angst, Panik, Hilflosigkeit, Ohnmacht, Scham, Schuldgefühle oder Ekel, kann es sein, dass Betroffene sich gar nicht oder nur teilweise an das Erlebte erinnern. Viele möchten am liebsten vergessen, was sie erlebt haben. Sie versuchen, das zu erreichen, indem sie nicht darüber reden oder alles vermeiden, was im Entferntesten mit der Erinnerung zu tun hat. Das gelingt meist nicht gut, deswegen greifen viele zu Alkohol und Medikamenten, um die Gefühle wegzumachen. Nicht selten kommt zu einer Posttraumatischen Belastungsstörung eine Depression hinzu.

Drogen- und Alkoholabhängigkeit, S. 132

Die Wahrscheinlichkeit, einmal im Leben an dieser Störung zu leiden, liegt irgendwo zwischen 1 und 14 Prozent.

Fearless – Jenseits der Angst (DVD, 2006). Jeff Bridges spielt einen Mann, der einen Flugzeugabsturz überlebt und zusammen mit einer weiteren Überlebenden darum kämpft, wieder in der Realität anzukommen. Beeindruckender Film, der zeigt, wie Grenzerfahrungen einen Menschen verändern.

> Empfehlungen zum tieferen Verständnis

Die Fremde in dir (DVD, 2008). Die Geschichte einer jungen Frau, gespielt von Jodie Foster, die bei einem Überfall schwer verletzt wird und zusehen muss, wie ihr Verlobter ermordet wird.

Drogen- und Alkoholabhängigkeit

Drogenabhängige sind eine Randgruppe in unserer Gesellschaft, die häufig mit Kriminalität und lebensbedrohlichen, ansteckenden Krankheiten in Verbindung gebracht wird. Diese Vorstellungen hindern uns manchmal daran, Betroffenen unvoreingenommen gegenüberzutreten. Wir neigen dazu, uns abzugrenzen. Unser Auftreten, Gesichtsausdruck, unsere Sprache und unser Tonfall sind möglicherweise abweisend oder missbilligend. Das führt dazu, dass auch ein Drogenabhängiger sich schlecht behandelt fühlt, genauso wie jede andere Person, der wir in der gleichen Weise gegenübertreten.

Deswegen erleichtert es die Kommunikation erheblich, wenn Sie ruhig bleiben und sich Zeit lassen, die Person zu beobachten und einzuschätzen. Ist Ihr Klient berauscht, befindet sich die Kundin auf Entzug, ist vielleicht sogar notärztliche Hilfe erforderlich? All das können Sie keinesfalls innerhalb von Sekunden beurteilen.

Bei psychischen Störungen im Zusammenhang mit Drogen und Alkohol unterscheidet man das Konsumverhalten und die körperliche Wirkung des Substanzgebrauchs. Die Abhängigkeit wirkt sich auf anderen Ebenen aus als der Missbrauch, beides sind Formen des Konsumverhaltens. Bei den körperlichen Wirkungen sind der Rausch und der Entzug bzw. das Delir wichtige Zustände.

Konsumverhalten		Körperliche Wirkung	
Abhängigkeit	Missbrauch	Rausch	Entzug / Delir
Toleranz gegenüber der Substanz	Alltagsbewältigung ist beeinträchtigt	wenn der Körper Drogen bekommt	wenn dem Körper die Droge fehlt
Entzugserscheinungen	Gefährdung von sich selbst und anderen	Gefahr: Überdosis	Delir: lebensbedrohliche Form des Entzugs
Verlangen nach der Substanz	evtl. Gesetzesprobleme (z. B. im Straßenverkehr, durch Beschaffungskriminalität)		

Abhängigkeit

- Konsumenten entwickeln eine Toleranz gegenüber der Substanz, d. h. dass immer höhere Dosen nötig sind, um die gewünschte Rauschwirkung zu erzielen.
- Entzugserscheinungen treten auf, wenn die Drogenkonzentration im Körper sinkt. Dies verursacht negative Empfindungen, z. B. Schmerzen.
- Betroffene entwickeln einen unwiderstehlichen Drang – Fachleute nennen dies »Craving« – nach der Substanz trotz offensichtlicher Probleme durch den Konsum. Damit sich eine Abhängigkeit entwickelt, muss das Craving oder eine Toleranzentwicklung mit Entzugserscheinungen vorhanden sein. Meist spielen beide Faktoren eine Rolle.

Missbrauch

- Die Alltagsbewältigung ist beeinträchtigt, beispielsweise kommt es zu häufigen Fehltagen wegen eines Katers oder Termine werden nicht eingehalten.
- Betroffene gefährden sich selbst oder andere, z. B. durch Fahren unter Alkohol- oder Aggressivität unter Drogeneinfluss.
- Häufig geraten Betroffene mit dem Gesetz in Konflikt, z. B. wird ihnen der Führerschein entzogen oder sie begehen Ruhestörungen.

Körperliche Wirkung

- Rausch (Intoxikation): durch die Drogeneinnahme ausgelöster Zustand, der durch auffällig unangepasstes Verhalten oder psychische Veränderungen gekennzeichnet ist, z. B. Streitsucht, emotionale Labilität; Denken und Urteilsvermögen können beeinträchtigt sein.
- Entzug: Beschwerden (z. B. Schweißausbrüche, Schmerzen, Zittern, Krämpfe, Halluzinationen), die dadurch entstehen, dass eine Person eine Droge nicht mehr einnimmt oder nicht in der gewohnten Menge.

Auswirkungen von Drogenkonsum

Rausch und Entzug sind je nach Droge unterschiedlich. Drogen wirken im Wesentlichen auf zwei Arten im Körper: Einige regen den Kreislauf an, andere wirken beruhigend. Wir listen Ihnen hier die gängigsten Drogen auf, geordnet nach der Art ihrer Wirkung.

Anregende Wirkung
Amphetamine (u. a. Speed)
Halluzinogene (u. a. LSD, Ecstasy)
Kokain (u. a. Crack)
Koffein
Beruhigende Wirkung
Cannabis (Haschisch)
Inhalantien (»Klebstoff schnüffeln«)
Nikotin
Opiate (u. a. Heroin, Kodein, Morphium)
Schlafmittel / Beruhigungsmittel
angstlösende Arzneien

Bei Drogen, die beruhigend wirken, sind die Entzugserscheinungen kreislaufaktivierend, d. h., es kommt zu Übelkeit, Unruhe, Schlaflosigkeit, Schwitzen oder Herzrasen. Bei aktivierenden Drogen entsteht im Entzug dagegen ein erhöhtes Ruhebedürfnis in Form von einer gedrückten Stimmung, Müdigkeit oder einem hohen Schlafbedürfnis. Halluzinationen, die unter Drogeneinfluss entstehen, können im Entzug eine Weile weiterbestehen. Beispielsweise kommt es immer wieder vor, dass Menschen von einem LSD-Trip nicht mehr herunterkommen, obwohl keine Droge mehr im Körper ist.

Einige Drogenwirkungen lassen sich beobachten, andere spielen sich lediglich im Inneren der Berauschten ab. In der folgenden Tabelle nennen wir Ihnen einige Beispiele von beobachtbaren und nicht beobachtbaren Auswirkungen anregender bzw. beruhigender Drogen.

Auswirkungen anregender Drogen	Auswirkungen beruhigender Drogen
BEOBACHTBAR	
Schwitzen oder Frösteln	Zittern
Übelkeit, Erbrechen	kleine Pupillen
rotes Gesicht	Gefäße im Auge werden sichtbar
Anspannung	Augenzittern
Pupillenerweiterung	Bewegungen wirken unkoordiniert
Augenzittern	schwankender Gang
	Mundtrockenheit, Lippenlecken
	undeutliche Sprache
	Streitlust
	allgemeine Verlangsamung
	Schwäche
	Benommenheit
	Aufmerksamkeits- und Gedächtnisstörungen
NICHT BEOBACHTBAR	
vermindertes Urteilsvermögen	vermindertes Urteilsvermögen
Herzrasen	Herzrasen
Angst	Angst oder Euphorie
Halluzinationen	Halluzinationen, von denen der Betroffene weiß, dass sie von der Droge stammen
empfindlich im Zwischenmenschlichen	Gefühl der Zeitverlangsamung
ein Gefühl, neben sich zu stehen	sozialer Rückzug
paranoide Vorstellungen	Schwindel
Depression	verschwommenes Sehen
Angst, den Verstand zu verlieren	geringere Hemmschwelle
Intensivierung der Wahrnehmung	emotionale Labilität
Schwierigkeiten, koordiniert zu handeln	
geringeres Schmerzempfinden	
Impulsivität	
Taubheitsgefühle	

Häufigkeit in der Bevölkerung

Von illegalen Drogen (Cannabis, Halluzinogene, Kokain, Heroin etc.) ist nur ein geringer Prozentsatz der Bevölkerung abhängig. Die Zahlen schwanken je nach Droge und bewegen sich zwischen 0,5 und 4 Prozent.

Von frei verkäuflichen oder verschreibungspflichtigen Drogen sind wesentlich mehr Menschen abhängig, z.B. ca. 1,1 Prozent von Beruhigungsmitteln, 0,7 Prozent von Schmerzmitteln, etwa 20 Prozent von Nikotin. Etwa 8 Prozent der Bevölkerung sind alkoholabhängig und ca. 5 Prozent missbrauchen Alkohol.

Alkohol ist genauso legal wie Koffein oder Nikotin. Dennoch ist der Alkohol viel mehr in seiner Doppelfunktion als Genussmittel und gleichzeitig abhängig machende Droge im Bewusstsein der Menschen. Raucher werden selten als Drogenabhängige gesehen, obwohl sie mit größerer Wahrscheinlichkeit nicht nur psychisch, sondern auch körperlich abhängig sind als jemand, der regelmäßig Alkohol trinkt. Der Unterschied ist jedoch, dass Nikotinabhängige so gut wie nie wegen ihrer Sucht ihren Job verlieren oder kriminell werden. Alkohol gehört wie Nikotin und Koffein zu den legalen, frei verkäuflichen Drogen.

Alkohol: Abhängigkeit, Missbrauch, körperliche Wirkung

- Rausch: Alkoholfahne, Lallen, Schwanken, Störung der Bewegungskoordination, aggressives Verhalten, emotionale Labilität; das Urteilsvermögen kann eingeschränkt, Gedächtnis und Aufmerksamkeit können gestört sein.
- Entzug: Schwitzen, hoher Puls, Händezittern, Schlaflosigkeit, Halluzinationen (»weiße Mäuse sehen«), Angst, Übelkeit, Erbrechen, Unruhe, nicht ruhig sitzen können.
- Delir: Die Wirkung des Rausches oder des Entzugs ist so extrem, dass eine Unterhaltung mit der Person so gut wie nicht möglich ist. Die Aufmerksamkeit ist stark eingeschränkt, die Person leicht ablenkbar. Gedächtnisfunktionen sind stark beeinträchtigt und die Person wirkt desorientiert. Die Urteilsfähigkeit der Person ist eingeschränkt. Es kann zu emotionalen Ausbrüchen kommen, weil der Betroffene sich bedroht fühlt oder verwirrt ist. In diesem Zustand kann die Person eine Bedrohung für sich selbst (bewusstlos werden und ersticken) und andere werden.

Auswirkungen von Alkoholkonsum

Alkohol kann sowohl anregend als auch beruhigend wirken, je nach Menge und Mensch. Dies ist eine Besonderheit in der Wirkweise der Droge. Alkohol wird oft dazu benutzt, die Wirkung einer anderen Droge zu intensivieren, z.B. indem man zusammen mit Alkohol einen Trip schluckt.

Anhang

Werteliste

Achtung
Akzeptanz, gegenseitige
Anstand
Benehmen, gutes
Bescheidenheit
Besonnenheit
Bodenständigkeit
Dankbarkeit
Diplomatie
Disziplin
Durchhaltevermögen
Echtheit
Egoismus, gesunder
Ehrgeiz
Ehrgeiz, gesunder
Ehrlichkeit
Eigenverantwortlichkeit
Einfühlungsvermögen
Einsatzfreudigkeit
Einsichtsfähigkeit
Engagement
Fairness
Familiensinn
Fleiß
Flexibilität
Freiheit
Freundlichkeit
Friedfertigkeit
Geduld
Gelassenheit
Genauigkeit
Geradlinigkeit
Gerechtigkeit
Geselligkeit
Gesetzestreue
Gesprächsbereitschaft
Gewaltlosigkeit
Glaube

Gleichbehandlung
Großzügigkeit
Herzenswärme
Herzlichkeit
Hilfsbereitschaft
Höflichkeit
Integrationsfähigkeit
Interessiertheit
Kollegialität
Kommunikationsbereitschaft
Kompromissbereitschaft
konsequent sein
Kooperationsfähigkeit
Kritikfähigkeit, sich kritisieren lassen und andere kritisieren können
Lebensfreude
Leben leben, mein
Leistungswille
Lernbereitschaft
Lernfähigkeit
Liebe
liebevoll sein
Menschlichkeit
Mitgefühl
Mitleid
Motivation
Mut
Natürlichkeit
Nachsichtigkeit
Neugier
nicht übereinander herziehen
Offenheit
Ordnung
positives Denken
Pünktlichkeit
Respekt
Ruhe
Sauberkeit

Selbstdisziplin
Selbstvertrauen
Sorgfalt
spendabel sein
Spiritualität
Spontaneität
Tapferkeit
Teamfähigkeit
Toleranz
Treue
Umgangsformen, gute
Umgangston, angenehmer
Unabhängigkeit
Verantwortlichkeit
Verantwortungsbewusstsein
Verbindlichkeit
Vergebung
Verlässlichkeit
Verschwiegenheit
Vertrauen
verzeihen können
Vielseitigkeit
Weitsicht
(z. B. vorausschauend fahren)
Weltfrieden fördern
Wertfreiheit
Wertschätzung
Wille zu vergeben
Wissensdurst
Wohlgefühl
Zeit haben
Zivilcourage
Zufriedenheit
Zukunftsorientierung
zuhören können
Zuverlässigkeit

Kommentierte Literaturliste

APA (1996): Diagnostisches und statistisches Manual psychischer Störungen, DSM-IV. Göttingen: Hogrefe.

RODORF, Alfred (2004): Grundlagenwissen für das Sicherheitsgewerbe. CD-ROM. Stuttgart: Boorberg.

BRUNO, Tiziana; ADAMCZYK, Gregor (2006): Körpersprache (2. Aufl.). München: Haufe.
Ein Buch über die wichtigsten Dinge in Sachen Körpersprache im Büroalltag. Kurz und auf den Punkt gebracht mit Beispielen, Lösungsvorschlägen und Übungen. 👍

DAVISON, Gerald C.; NEALE, John M., HAUTZINGER, Martin (2007): Klinische Psychologie. Weinheim: Beltz PVU.
Standardwerk der Psychologie. Liefert einen fundierten Überblick über die wichtigsten psychischen Störungen, ihre Entstehung und Behandlung. 👍

DE BECKER, Gavin (2001): Mut zur Angst. Wie Intuition uns vor Gewalt schützt. Frankfurt a. M.: Fischer-Taschenbuch-Verlag.
Gute Darstellung zum Thema »Bauchgefühl« im Hinblick auf Gefahrensituationen. Mit den Punkten zum Thema Angst stimmen wir allerdings nicht vollständig überein. Trotzdem empfehlenswert zum Thema Selbstschutz allgemein. Das Buch ist schwierig zu beschaffen, aber das einzige seiner Art. 👍

EBERSPÄCHER, Hans (2008): Gut sein, wenn's drauf ankommt. Erfolg durch Mentales Training. München: Hanser.
Viele Beispiele und Erklärungen, was mentales Training ist und wie es im Leistungssport eingesetzt wird. 👍

ELBING, Ulrich (2003): Nichts passiert aus heiterem Himmel, es sei denn, man kennt das Wetter nicht. Dortmund: Verlag Modernes Lernen.

FLOSSDORF, Ulrike (2011): Abstand bitte: Kennen Sie diese Distanzzonen? http://www.business-best-practice.de/fuehrungskraft/distanzzonen.php, abgerufen am 5.03.2012

GIGER-BÜTLER, Josef (2011): Sie haben es doch gut gemeint. Weinheim: Beltz.
Das Buch macht nachvollziehbar, wie es zu Depressionen kommt: welche Familiengeschichten führen dazu, dass Menschen sich so hoffnungslos überfordert fühlen, dass sie keine Kraft mehr für das Leben haben und die Stimmung so gedrückt ist, dass sie unerträglich wird und zum Suizid führen kann. 👍

HERBERT, Claudia (2002): Traumareaktionen verstehen und Hilfe finden. Oxford: Blue Stallion Publications.
Ein sehr guter Ratgeber für Menschen, die mit den Folgen einer extrem belastenden Lebenserfahrung (Trauma) umgehen müssen, und für ihre Angehörigen. 👍

JODELET, Denise (1991): Madness and Social Representations. New York: Harvester Wheatsheaf.

KNUF, Andreas; GARTELMANN, Anke (2010): Bevor die Stimmen wiederkommen: Vorsorge und Selbsthilfe bei psychotischen Krisen (2.Aufl.). Bonn: BALANCE buch + medien verlag.
Ein Buch mit Schilderungen Betroffener und mit vielen Ideen, wie Betroffene Krisen rechtzeitig erkennen und dadurch frühzeitig reagieren können. Auch für Helfer zum tieferen Verständnis und gegen die eigene Hilflosigkeit geeignet. 👍

KNUF, Andreas (2010): Gesundung ist möglich! Borderline-Betroffene berichten (3.Aufl.). Bonn: BALANCE buch + medien verlag.
Zwölf beeindruckende Berichte von Betroffenen, die uns helfen, zu verstehen, wie wir unterstützen können und was es bedeutet, mit dieser Störung leben zu müssen. 👍

KÖHLER, Thomas (2000): Rauschdrogen und andere psychotrope Substanzen. Formen, Wirkungen, Wirkmechanismen. Stuttgart: Kohlhammer.

LEDERER-CHARRIER, Jutta; NIEMANN, Rüdiger (2000): Cool sein – cool bleiben: Handlungskompetenz in Gewaltsituationen. Frankfurt a.M.: Frankfurter Kinderbüro.

LELORD, François; ANDRÉ, Christophe (2009): Der ganz normale Wahnsinn. Vom Umgang mit schwierigen Menschen (6.Aufl.). Berlin: Aufbau-Verlag.
Eine auch für Laien gut verständliche Beschreibung der gängigen Persönlichkeitsstörungen. Das Buch erklärt anhand vieler Beispiele, was eine Persönlichkeitsstörung ist und vor allem, wie man im Einzelfall mit Betroffenen umgehen kann.
Die Autoren unterscheiden in den vorgeschlagenen Strategien sogar zwischen den verschiedenen Beziehungen zum Betroffenen (Partner, Kollege, Chef). Wirklich empfehlenswert. 👍

LITSCH, Elisabeth Maria; LINSENMAYR, Rainer (2006): Wenn Wissen Leben retten kann. Gewalt und Gefahren gewachsen sein. Eschborn: GTZ.

MANNSCHATZ, Marie (2006): Meditation. Mehr Klarheit und innere Ruhe. Buch & Übungs-CD. München: Gräfe & Unzer. Übersichtliche Darstellung einfacher Meditationstechniken inklusive Anleitung und Übungs-CD, die den Einstieg erleichtert. 👍

MASLOW, Abraham H. (2005): Motivation und Persönlichkeit. Reinbek bei Hamburg: Rowohlt. Ein psychologischer Klassiker, in dem die einzelnen menschlichen Bedürfnisse ausführlich beschrieben werden. 👍

Netzwerk Leichte Sprache (2011): http://www.leichtesprache.org/downloads/Buecher_Liste_Oktober_2011.pdf, abgerufen am 19.04.2012

PEASE, Allan; PEASE, Barbara (2001): Warum Männer nicht zuhören und Frauen schlecht einparken. München: Ullstein. Leicht verständliches und amüsantes Buch über die Unterschiede von männlichen und weiblichen Gehirnen und wie sie sich zwischen Mann und Frau auswirken. Sie müssen es nicht immer wörtlich nehmen und doch ist viel Wahres dran. 👍

PRIOR, Manfred (2007): MiniMax-Interventionen (7. Aufl.). Heidelberg: Carl-Auer. Der Autor beschreibt auf wenigen Seiten sehr kompakt und unterhaltsam 15 Gesprächsführungstechniken und Strategien für den Therapie-/Beratungs-/Coaching-/Beziehungs-Alltag. 👍

REDDEMANN, Luise; DEHNER-RAU, Cornelia (2007): Trauma: Folgen erkennen, überwinden und an ihnen wachsen. Stuttgart: Trias. Ein von Betroffenen immer wieder empfohlenes Buch, um zu verstehen, was mit einem in extrem belastenden Lebenssituationen passiert und wie man damit umgehen kann.

SCHANDA, Hans; GEMEINHARDT, Brigitte (2006): Untersuchungen zur Frage des Zusammenhangs zwischen Psychosen und Kriminalität/Gewalttätigkeit. In: Fortschritte der Neurologie, Psychiatrie, 74, (2), S. 85–100.

SCHIRNER, Markus (2007): Atemtechniken. Darmstadt: Schirner-Verlag. Ein praktisches Buch mit zahlreichen Atemtechniken. Wer Anweisungen zur Durchführung haben möchte, ist hier richtig: Einfach, kompakt und verständlich. 👍

SCHULZ VON THUN, Friedemann (1999): Miteinander reden: 1. Störungen und Klärungen. Reinbek bei Hamburg: Rowohlt.

SCHULZ VON THUN, Friedemann (1999): Miteinander reden: 2. Stile, Werte und Persönlichkeitsentwicklung. Reinbek bei Hamburg: Rowohlt.
Beide Bücher von Schulz von Thun sind Klassiker im Bereich Kommunikation. Es gibt noch einen weiteren Band mit dem Titel »Das innere Team und situationsgerechte Kommunikation«. Auch wir greifen auf das Grundmodell der vier Seiten einer Botschaft zurück. Hier findet man die vollständige Veröffentlichung. 👍

SEIWERT, Lothar (2002): Das neue 1x1 des Zeitmanagement. München: Gräfe & Unzer.
Ein gut strukturiertes, übersichtliches Buch mit allem, was es in dieser kurzen Form über Zeitmanagement zu vermitteln gibt. Die Informationsteile knapp, die Übungen mit klaren Anweisungen, inklusive ausreichend weiterführenden Informationen. 👍

TAUSCH, Reinhard (2010): Hilfen bei Stress und Belastung (17. Aufl.). Reinbek bei Hamburg: Rowohlt.
Kurz, knapp und sehr verständlich geschriebenes Buch zu den wichtigen Bereichen, in denen Stress entsteht, mit Stressbewältigungsstrategien. 👍

VON MÜNCHHAUSEN, Marco (2006): Wo die Seele auftankt. Die besten Möglichkeiten, Ihre Ressourcen zu aktivieren. München: Goldmann.
Viele gute Vorschläge, kompakt und übersichtlich zusammengestellt. 👍

ZIMBARDO, Philip G.; GERRIG, Richard J. (2008): Psychologie (18., aktualisierte Aufl.). München u. a.: Pearson Studium
Einführendes, leicht verständliches Buch in die unterschiedlichen Gebiete der Psychologie. Gilt als Einsteigerbuch, das viele lesen, die Psychologie studieren wollen.

Dank

Unseren Klienten, Kunden und Seminarteilnehmern.
Cornelia Frey für die Zusammenfassung der Protokolle in
Vorbereitung dieses Buches.
Allen Praktikantinnen und Praktikanten, die uns in den über
neunzig Seminaren mit Lachen und Ideen zur Seite standen.
Unseren lieben Ehepartnern, Kindern, Freunden und Kollegen,
die uns täglich Beispiele aus dem Alltagsleben liefern, uns immer
unterstützen und viel Geduld für uns aufbringen.
Danke an Dr. Matthias Auer, unseren Literaturagenten, für seinen
Glauben an dieses Projekt und sein Verhandlungsgeschick.
Herzlichen Dank an Nadja und Thomas Gnam sowie Jasmin
Hahn, unsere Fotocrew. Sowie an Herrn Henne vom Bürgeramt
Böblingen für sein großzügiges Angebot, in den Räumlichkeiten
des Rathauses zu fotografieren.
Großen Dank an Karl-Heinz Wey dafür, dass er uns sein Konzept
des »Selbstschutzes durch Reizüberflutung« nahebrachte.
Ein Dankeschön an Rüdiger Niemann vom Jugendamt Frankfurt
am Main, der uns viele praktische Tipps aus seiner reichhaltigen
Erfahrung mit schwierigen jungen Erwachsenen vermittelt hat.
Ein herzliches Grazie nach Italien zu Ulrike Nitschmann und
Alberto Barbero für die Übersetzung auf Seite 49.
Danke auch an Heike Meyer für ihren zuverlässigen Adlerblick
auf die Satzfahnen.
Und zum Schluss noch ein herzliches Dankeschön an Sandra
Kieser, unsere Lektorin mit Geduld, tollen Einfällen und
Anregungen.

» Wir begrüßen jeden Fehler mit einem Lächeln,
denn er zeigt uns, dass wir noch lernfähig sind.«
(Zitat aus einer Veranstaltung, 2009)

Reihe BASISWISSEN:

Die Basiswissen-Bücher bieten fundierte thematische Einführungen in psychiatrische Diagnosen und Berufsfelder. Sie geben einen schnellen und gezielten Überblick über den Umgang mit bestimmten Klientengruppen und die besonderen Herausforderungen des Arbeitsalltags. Daher ist die Reihe Basiswissen gut geeignet für Berufsanfänger, Quereinsteiger, aber auch für langjährig psychiatrisch Tätige, die ihr Wissen auf den neuesten Stand bringen möchten. Titel:

Thomas Bock: **Umgang mit psychotischen Patienten** | Burkhart Brückner: **Geschichte der Psychiatrie** | Astrid Delcamp: **Kontakt- und Begegnungsstätten für psychisch erkrankte Menschen** | Michael Eink, Horst Haltenhof: **Umgang mit suizidgefährdeten Menschen** | Asmus Finzen: **Medikamentenbehandlung bei psychischen Störungen** | Christiane Haerlin: **Berufliche Beratung psychisch Kranker** | Andreas Knuf: **Empowerment in der psychiatrischen Arbeit** | Georg Kremer, Michael Schulz: **Motivierende Gesprächsführung in der Psychiatrie** | Malika Laabdallaoui, Ibrahim Rüschoff: **Umgang mit muslimischen Patienten** | Albert Lenz: **Psychisch kranke Eltern und ihre Kinder** | Angela Mahnkopf: **Umgang mit depressiven Patienten** | Rolf Marschner: **Rechtliche Grundlagen für die Arbeit in psychiatrischen Einrichtungen** | Ewald Rahn: **Umgang mit Borderline-Patienten** | Manuel Rupp: **Psychiatrische Krisenintervention** | Hilde Schädle-Deininger: **Psychiatrische Pflege** | Cornelia Schaumburg: **Maßregelvollzug** | Gunda Schlichte: **Betreutes Wohnen** | Günther Schwarz: **Umgang mit demenzkranken Menschen** | Dirk R. Schwoon: **Umgang mit alkoholabhängigen Patienten** | Tilman Steinert: **Umgang mit Gewalt in der Psychiatrie**

Jeder Band ca. 140–160 Seiten, 16,95 Euro

Mehr Informationen unter www.psychiatrie-verlag.de

Psychiatrie Verlag

Telefon 0228 72534-0, Fax 0228 72534-20,
E-Mail: verlag@psychiatrie.de, Internet: www.psychiatrie-verlag.de